欧盟竞争法的公共执行与私人执行制度研究

OU MENG JING ZHENG FA DE GONG GONG ZHI XING YU SI
REN ZHI XING ZHI DU YAN JIU

剌 森 著

中国政法大学出版社

2023·北京

图书在版编目（ＣＩＰ）数据

欧盟竞争法的公共执行与私人执行制度研究/剌森著.—北京：中国政法大学出版社，2023.7

ISBN 978-7-5764-1031-0

Ⅰ.①欧… Ⅱ.①剌… Ⅲ.①欧洲联盟－反不正当竞争法－执行(法律)－研究 Ⅳ.①D950.229

中国国家版本馆CIP数据核字(2023)第144470号

出 版 者	中国政法大学出版社
地　　址	北京市海淀区西土城路25号
邮寄地址	北京100088 信箱8034分箱　邮编100088
网　　址	http://www.cuplpress.com (网络实名：中国政法大学出版社)
电　　话	010-58908586(编辑部) 58908334(邮购部)
编辑邮箱	zhengfadch@126.com
承　　印	固安华明印业有限公司
开　　本	720mm×960mm　　1/16
印　　张	11.5
字　　数	200千字
版　　次	2023年7月第1版
印　　次	2023年7月第1次印刷
定　　价	56.00元

序

　　欧洲联盟一直是国际经济秩序的重要参与者与塑造者之一。在经济全球化的背景下，竞争法的执行愈发重要，对相关程序规则的研究也愈发引起关注。自 1957 年《罗马条约》签订，1962 年欧共体理事会发布第一份欧盟竞争法的程序规则——《第 17/62 号条例》以来，欧盟竞争法实施体系经历了两次重要变革。2003 年的现代化改革对于欧盟竞争法的实施体系意义重大，欧盟竞争法的实施从高度集中于欧盟委员会，发展为由欧盟委员会、成员国竞争执法机构以及成员国法院分散实施的结构。成员国法院获得直接适用欧盟竞争法的权力，使欧盟竞争法层面的私人诉讼成为可能。2014 年，欧盟发布《损害赔偿诉讼指令》，进一步便利了私人诉讼制度。半个多世纪以来，欧盟竞争法的影响范围从最初的 6 个创始成员国，扩展到如今覆盖 27 个成员国，近 5 亿人口的市场。欧盟作为当今世界上最重要的反垄断司法辖区之一，其竞争法的实施制度是我们开展反垄断法研究的重要内容。

　　本书的选题新颖，内容具有前沿性。本书聚焦欧盟竞争法的程序规则，对欧盟竞争法的实施框架、实施机构、制度设计以及经典案例等方面进行了详尽剖析，兼具理论严谨性与实用价值，能够帮助读者全面了解欧盟在维护市场竞争和防止垄断方面所采取的举措。本书详细地介绍了欧盟竞争法的公共执行和私人执行制度，特别是对近年来欧盟竞争法私人执行制度改革的最新情况，诸如总体原则、原告资格的确定、诉的类型、救济方式、证据披露以及合意型争议解决机制等一系列问题进行了着重探讨。同时，本书还对欧盟竞争法公共执行与私人执行之间的程序协调与衔接问题进行了阐释，例如公共执行机构的最终决定在后继诉讼中的证据效力、对宽大程序中获得的证据进行披露会对后继诉讼产生何种影响、如何协调罚款与损害赔偿之间的关系等。除此之外，本书还介绍了欧盟竞争法的域外效力以及在执行层面上的国际合作情况，揭示了欧盟在这一领域的经验与做法。竞争法的实施不仅是单一国家的事务，而是需要全球各国通力合作的共同任务。

本书内容结构完整，布局有序，文献资料丰富，语言表达简明流畅，思路清晰。本书作者刺森博士毕业于德国汉堡大学法学院，现为北京工商大学法学院讲师，中国政法大学博士后，有多年研究欧盟竞争法与德国卡特尔法的经历，在《环球法律评论》《法学论坛》等期刊中发表多篇反垄断法相关的学术论文。本书以作者的博士论文为基础完成，凝聚了作者近些年对欧盟竞争法的最新思考。作为刺森的博士后合作导师，我乐于向大家推荐本书，祝贺她所取得的成果。

自我国《反垄断法》颁布实施以来，我国在公平竞争制度体系建设、预防和制止垄断行为、优化营商环境、保护消费者利益、执法能力建设、公平竞争文化倡导以及国际影响提升等方面均取得了令世界瞩目的显著成效，成为全球三大反垄断司法辖区之一。不过，随着我国社会主义市场经济的发展，特别是随着平台经济等新业态的快速发展，反垄断法的执法体制也应随之进一步完善。2022年我国《反垄断法》进行了首次修订，进一步健全了反垄断法的执法体制，加强了对部分垄断行为的处罚力度。本次修订在总则部分明确了"国家健全完善反垄断规则制度，强化反垄断监管力量，提高监管能力和监管体系现代化水平，加强反垄断执法司法，依法公正高效审理垄断案件，健全行政执法和司法衔接机制，维护公平竞争秩序"。在分则部分，本次修订对涉嫌垄断行为的调查程序以及法律责任两章进行了完善，扩大了配合调查的义务主体的范围，引入约谈制度，增强了针对行政性垄断行为调查程序的权威性和约束力；优化和改进法律责任体系，引入民事公益诉讼制度和失信约束机制，强化违法惩戒力度，大幅提升经营者违法的成本。对欧盟竞争法程序规则的研究对于我们了解欧盟制度、开展比较研究具有重大意义。

最后，衷心希望本书能够为广大法律从业者、学者以及对欧盟竞争法感兴趣的读者提供有价值的参考，促进更加公平、透明和有效的市场竞争，以高质量法治保障经济高质量发展。

时建中

二零二三年五月于蓟门桥

目 录

◇ 第一章 ◇

欧盟竞争法的公私执行概述

一、欧盟竞争法公私执行的基本概念

（一）欧盟竞争法语境下"公私执行"的概念

The enforcement of the EU competition law 大多被译为"欧盟竞争法的执行"，包括公共执行（public enforcement）与私人执行（private enforcement）。[1]通常认为，欧盟竞争法的公共执行是由公共执行机构通过调查和实施处罚来实现欧盟竞争法的目的。私人执行是指由私人主体作为欧盟竞争法的实施主体，通过各种争议解决机制解决因违反欧盟竞争法而引起的纠纷。

欧盟竞争法的实体规则是由两部条约以及一系列条例、指令、通告和指南组成。在欧盟，《欧盟条约》（Treaty on European Union，TEU）与《欧盟运行条约》（Treaty on the Functioning of the European Union，TFEU）合称为"条约"（Treaties），其中具体的竞争条款规定于《欧盟运行条约》第101条至第109条。欧盟竞争法的实体规则由四大支柱组成，分别是禁止限制性协议（第101条）[2]、禁止滥用支配地位（第102条）[3]、集中

---

[1] 本书将"Enforcement"翻译为"执行"，而非"实施"。通常来说"法的实施"的概念外延要广于"法的执行"，"法的实施"包括通过执法、司法以及守法等方式实现法的目的，而鉴于欧盟竞争法对"public enforcement""private enforcement"的定义更倾向于由特定执行机构适用竞争法，而非"守法"，因此本书将"Enforcement"统一翻译为"执行"。

[2] 与我国《反垄断法》中的"垄断协议"概念不同，欧盟竞争法通常使用 restrictive agreement（"限制性协议"）这一概念。

[3] 与我国《反垄断法》中的"滥用市场支配地位"概念类似，欧盟竞争法通常使用 abuse of dominant position，为保证准确性，本书使用"滥用支配地位"这一翻译。

控制（《关于控制经营者之间的集中的理事会第 139/2004 号条例》，以下简称《欧盟合并条例》[1]）以及国家援助制度（第 107 至第 109 条）。

《欧盟运行条约》第 101 条为禁止限制性协议设定了基本框架。第 101 条第 1 款禁止经营者[2]之间的协议、经营者协会的决定以及协同行为，只要这些协议可能影响成员国之间的交易，并且其目的或效果构成阻碍、限制或者扭曲内部市场的竞争，其就应依据第 1 款予以禁止。第 1 款明确列举了所禁止的限制性协议的类型。第 101 条第 2 款是法律后果条款，即第 1 款所禁止的任何协议、决定以及协同行为都是自动无效的，除非它们依据第 3 款获得豁免。第 101 条第 3 款为限制性协议的豁免条款，豁免可分为集体豁免和个案豁免。豁免需要满足积极要件，同时不符合消极要件，其中积极要件为"有助于改善商品生产或销售，推动技术和经济进步"以及"允许消费者公平分享由此产生的利益"。消极要件为"对有关经营者所施加的限制对于这些目标的达成并非必不可少"以及"使经营者有可能会消除有关产品相当大部分的竞争"。第 102 条为禁止经营者滥用支配地位，前提条件依然是可能影响成员国之间的交易。经营者集中控制相关的实体规定主要包含在《欧盟合并条例》中，《欧盟合并条例》旨在确保经营者之间的重组不会对内部市场竞争产生不利影响。《欧盟运行条约》第 107 至第 109 条为国家援助审查条款，禁止与内部市场不兼容的国家援助，前提是该国家援助影响了成员国之间的交易，并且扭曲或者威胁扭曲了内部市场的竞争。除了条约，欧盟还通过条例、指令等二级立法以及委员会通告、指南等形式对四大支柱的实体性规则进行细化，诸如针对集体豁免制度的《纵向协议集体豁免条例》（Vertical Block Exemption Regulation）、针对相关市场界定的《相关市场界定通告》（Commission Notice on

---

　　[1]　COUNCIL REGULATION（EC）No 139/2004 of 20 January 2004 on the control of concentrations between undertakings（the EC Merger Regulation），OJ L24/1, 29. 1. 2004.

　　[2]　"Undertaking"一般被翻译为"企业"或者"经营者"，考量到欧盟法院将"undertaking"界定为从事经济活动的实体，即一个实体是否构成"undertaking"的唯一判断标准就是其是否从事经济活动（economic activities），而非该实体的法律地位或者筹资方式。鉴于"undertaking"所具有的经济活动的特性，本书使用"经营者"这一翻译。

the definition of relevant market）等。[1]此外，欧盟法院（Court of Justice）是欧盟条约的唯一解释机构，欧盟法院通过初步裁决程序（preliminary ruling procedure）以及针对欧盟委员会最终决定的上诉程序所作出的判例，也是欧盟竞争法重要的来源。

　　为保障实体规则的实施，围绕欧盟竞争法的四大支柱，欧盟制定了大量的程序性规则，主要采用条例、指令、通告、指南以及建议的形式。欧盟竞争法的程序性规定主要以二级立法（条例）的形式体现，在公共执行方面最重要的程序性规定是《理事会关于执行条约第81条和第82条中规定的竞争规则的第1/2003号条例》（以下简称《第1/2003号条例》）。[2]《第1/2003号条例》是欧盟竞争法执行体系现代化改革的重要成果，确立了欧盟竞争法分散化的实施体系。在现代化改革之后，成员国竞争执法机构和成员国法院获得了直接适用欧盟竞争法的权力，公共执行的现代化改革使很多原属于欧盟委员会的执法权限被分享给成员国竞争执法机构，极大强化了欧盟竞争法的实施效率和影响力。同时，成员国法院可以直接适用欧盟竞争法也为欧盟竞争法私人执行的发展创造了有利的前提条件。

　　在过去较长的时间内，欧盟竞争法都是以公共执行单轨制为主，私人执行处于一种极度不发达的状态。直到2014年，欧盟通过《欧洲议会和欧盟理事会关于根据国内法律对违反成员国和欧盟竞争法规定的损害赔偿诉讼的若干规则的第2014/104/EU号指令》（以下简称《损害赔偿诉讼指令》）[3]，才基本确立了欧盟竞争法私人执行的基本框架和规则。《损害

---

　　[1]　Commission Regulation（EU）2022/720 of 10 May 2022 on the application of Article 101（3）of the Treaty on the Functioning of the European Union to categories of vertical agreements and concerted practices，OJ L 134/4，11.5.2022；Commission Notice on the definition of relevant market for the purposes of Community competition law，OJ C 372，9.12.1997.

　　[2]　COUNCIL REGULATION（EC）No 1/2003 of 16 December 2002 on the implementation of the rules on competition laid down in Articles 81 and 82 of the Treaty，OJ L1/1，4.1.2003. 以下简称"Regulation 1/2003"。

　　[3]　DIRECTIVE 2014/104/EU OF THE EUROPEAN PARLIAMENT AND OF THE COUNCIL of 26 November 2014 on certain rules governing actions for damages under national law for infringements of the competition law provisions of the Member States and of the European Union，OJ L349/1，5.12.2014.

赔偿诉讼指令》旨在构建由私人主体作为竞争法的实施主体，通过各成员国的民事诉讼程序，由成员国法院进行管辖与审理的欧盟竞争法实施体系。私人执行体系的构建使欧盟竞争法保护个体权利不再仅仅依靠公共执法，每一个受到反竞争行为影响的私人个体均有权直接依据欧盟竞争法在成员国法院提起损害赔偿诉讼。同时，《损害赔偿诉讼指令》也鼓励各成员国引入合意型争议解决机制，以更便利、更有效的方式解决当事人之间因违反竞争法而产生的纠纷。《损害赔偿诉讼指令》的颁布为各成员国的竞争法划定了一条底线，在该指令的基础上，成员国可根据该国的民事诉讼程序在其国内竞争法中制定更高水平的私人执行规则，以便私人主体实现其损害赔偿权。

欧盟竞争法的公共执行机构主要包括欧盟委员会与成员国竞争执法机构，两者均可以直接适用《欧盟运行条约》第 101 条和第 102 条对涉及限制性协议、滥用支配地位的行为进行调查并作出最终决定。此外，欧盟委员会独家享有对"共同体层面的经营者集中"和欧盟国家援助程序的事前审查权，成员国竞争执法机构仅在特定情况下可以审查部分"共同体层面上的经营者集中"案件。而私人诉讼由私人主体依据《欧盟运行条约》第 101 条和第 102 条，针对限制性协议以及滥用支配地位向成员国法院提起诉讼。

（二）公共执行与私人执行的目标

1. 公共执行与私人执行的最终目标

公共执行与私人执行的最终目标是保障欧盟竞争法立法目标的实现。欧盟竞争法的主要立法目标是提升效率以及促进欧盟市场一体化。首先，提升效率，特别是增进消费者福利是欧盟竞争法的重要目标之一。自 1990 年起，欧盟的立法者在竞争法中引入了一个"更加经济学的路径"（more economic approach），具体表现为 1990 年至 2000 年间针对纵向协议以及滥用支配地位的制度改革。其中针对纵向协议，欧盟委员会在《纵向限制指南》中明确提出，制定"欧盟竞争政策的主要目标是保护竞争，特别是提升消费者福利和创造高效的资源配置"。[1]针对滥用支配地位的行为，引

---

〔1〕 European Commission, Guideline on Vertical Restraints, OJ 2000, C291/1, para 7.

入经济分析，商业行为只有在具有反竞争效果时才会被禁止。此外，在协议方面，《适用第81条第（3）款的指南》指出，"第81条（现《欧盟运行条约》第101条）是为了保护市场竞争，作为提升消费者福利和保障资源有效分配的手段。竞争和市场一体化有助于实现这一目标，因为建立和维护一个开放的单一市场有助于资源在整个共同体内得到高效配置，从而符合消费者利益"。[1]欧盟委员会竞争总司的竞争政策经济咨询组（EAGCP）于2005年发布的《第82条的经济学路径》[2]，对"更加经济学的路径"进行了详细的阐释。在适用第82条（现第102条）时，引入经济分析，是为了改善消费者福利，避免混淆保护竞争与保护竞争者。欧盟竞争法实施的最终目标是以消费者需求为导向，通过保障竞争来促进经济增长，最终使消费者受益。一方面，经济分析能够确保反竞争行为受到法律的规制。经济分析为竞争法的适用提供了一个一致的标准，企业通过不同的商业行为限制、扭曲竞争时，经济分析都能够予以识别。另一方面，经济分析下法律也不会过度抑制企业的商业行为，以效率为导向的经济分析能够充分考虑到一项行为在不同市场环境中的各种效果。

其次，在促进欧盟市场一体化方面，《欧盟条约》第3条第3款规定了欧盟以建立内部市场为主要目标，致力于欧洲的可持续发展，以平衡的经济增长和价格稳定以及高度竞争的社会市场经济为基础，旨在实现充分就业和社会进步以及高水平的保护及改善环境质量。[3]《欧盟运行条约》第3条第1款（b）项规定，欧盟在制定必要的竞争规则上拥有独家权力，以保障内部市场的运行。[4]在禁止限制性协议与滥用支配地位方面，《第1/2003号条例》在其引言开端部分写道，"为了建立一个确保共同市场竞争不被扭曲的制度，条约第81条和第82条（现第101条和第102条）必

---

〔1〕　European Commission, Guidelines on the application of Article 81 (3) of the Treaty, OJ2004, C101/97, para 13.

〔2〕　EAGCP, An economic approach to Article 82, 2005.

〔3〕　TEU, Article 3 (3).

〔4〕　TFEU, Article 3 (1) (b).

须在共同体中被有效和统一地适用"。[1] 在经营者集中控制方面，《欧盟合并条例》提出 "内部市场和经济与货币联盟的形成，欧盟的扩大以及国际贸易和投资壁垒的降低，将继续导致重大的企业重组，特别是以集中的形式。只要这种重组符合动态竞争的要求，能够提高欧洲工业的竞争力，改善增长条件，提高共同体的生活水平，就应该被允许。应确保重组过程不会导致对竞争的持久损害，因此共同体法必须包含能够控制可能严重阻碍共同市场或其主要部分有效竞争的集中条款"。[2]

"内部市场"（internal market）的概念并非自欧盟成立之初就存在，而是源于 2004 年的《欧洲宪法》（Constitution for Europe）。《欧洲宪法》提议建立一个内部市场，包括一个没有边界的区域，在该区域内货物、人员、服务和资本能够自由流动。《欧洲宪法》第三编第五章规定了内部市场框架下的竞争政策，包括 "适用于经营者的竞争政策" 和 "成员国补贴" 两部分。但是，《欧洲宪法》被法国、荷兰等成员国否决，并未真正实施，直到 2007 年被《里斯本条约》所取代。欧盟法院在 Metro v Commission 案中提出，共同体条约的目标包含构建一个 "单一市场"（single market），这个单一市场的运行方式与国内市场相似。[3]

构建统一内部市场的精神在欧盟竞争法的条文中也有所体现，《欧盟运行条约》第 101 条、第 102 条和第 107 条都将 "与内部市场不兼容" 作为判定行为是否构成违反欧盟竞争法的标准，与内部市场不兼容的行为应当受到禁止。第 101 条将所有可能影响成员国之间的交易并且在内部市场中具有排除、限制或者扭曲竞争的目的或者效果的经营者之间的协议、经营者协会之间的决定和协同行为都界定为 "与内部市场不兼容"。第 102 条将在内部市场或者内部市场的主要部分，一个或者多个拥有支配地位的经营者作出的只要可能影响成员国之间的交易的滥用行为都认定为 "与内部市场不兼容"。第 107 条第 1 款将 "与内部市场不兼容" 的国家援助定

---

〔1〕 Regulation 1/2003, recital para（1）.

〔2〕 Merger Regulation, recital para（3）-（4）.

〔3〕 Case 26/76-Metro v Commission［1977］ECR 1875, para. 20.

义为，"成员国或者以任何形式的国家资源所授予的补贴，通过影响特定经营者或者特定商品的生产以扭曲或者威胁扭曲竞争，以至于影响成员国之间的交易，是与内部市场不兼容的"。第 107 条第 2 款和第 3 款分别列举了"与内部市场兼容"和"被视为与内部市场兼容"的国家援助类型。

2. 公共执行与私人执行的直接目标

欧盟竞争法公共执行和私人执行的首要目标是制止已经发生的违法行为并且预防可能出现的违法行为，包括预防与制止《欧盟运行条约》第 101 条所禁止的限制性协议、第 102 条所禁止的滥用支配地位、保障经营者集中审查以及国家援助审查的实施。对于预防和威慑效果的实现，公共执行的罚款与私人执行的损害赔偿是两项有力的工具。通过罚款和损害赔偿对经营者所获取的利润进行剥夺，使其无利可图，从而达到预防和制止的效果。执行的威慑效果取决于惩罚水平以及违法行为被发现的概率，前者与后两者呈正相关。此外，私人执行的损害赔偿在实现惩罚与威慑效果之余，还具有直接赔偿受害人的意义，这是公共执行所无法实现的。私人执行是由私人主体依据欧盟竞争法寻求对自己权利的救济，是欧盟竞争法对个体权利进行直接保护的体现。

在欧盟竞争法中，公共执行与私人执行是相互独立又相互补充的关系。一方面，公共执行与私人执行是相互独立的，公共执行并非私人执行的前置程序，反之亦然。私人主体可以选择提起独立诉讼（stand-alone action）或后继诉讼（follow-on action）。另一方面，公共执行与私人执行又是互相补充的，两者的目标都是保障欧盟竞争法的有效实施。公共执行在执法资源上是有限的，所能执行的案件数量也是有限的。私人执行可以很好地弥补公共执行在执法资源上的不足。此外，私人主体因其自身权利受损，更加有动力提起民事诉讼，能够有效扩大欧盟竞争法的实施范围。公共执行与私人执行的互补关系还集中体现在公共执行对后继诉讼的促进作用。公共执行中的证据与最终决定可以缓解后继诉讼中原告的举证困难。公共执法机构可以与成员国法院进行适当的信息交换，公共执法机构在后继诉讼中可以扮演"法庭之友"的角色，针对案件事实和法律适用提供重要的意见。

（三）欧盟竞争法执行体系的现代化改革

1. 欧盟竞争法现代化改革的背景：从《第 17/62 号条例》到《第 1/2003 号条例》

欧盟竞争法公共执行规则的制定源于《罗马条约》，1958 年《罗马条约》签订以后，欧盟委员会就开始着手起草欧盟竞争法的程序性规则，主要采用条例的形式。欧共体理事会于 1962 年发布的《第 17/62 号条例》[1]是欧盟竞争法公共执行的首个程序规则，主要针对《罗马条约》第 85 条和第 86 条（现《欧盟运行条约》第 101 条和第 102 条）的公共执行程序。《第 17/62 号条例》旨在防止共同市场中的竞争被扭曲，保障各成员国能够以统一的方式平衡适用第 85 条与第 86 条，其中提出"有效监管"（effective supervision）与"最大程度简化行政"（simplify administration to the greatest possible extent）的原则。1962 年该条例通过之时，欧共体只有六个初始成员国，其中意大利与卢森堡还未制定竞争法。在这种情况下，一个高度集中的公共执行体系有助于统一六个成员国的竞争法实施并保障执法的高效率。《第 17/62 号条例》构建了一个高度集中的执法体系，这种高度集中性首先体现在欧盟委员会的执法权限上。欧盟委员会是第 85 条与第 86 条的主要执法机构，并且拥有对协议豁免的独家管辖权，相比之下成员国竞争执法机构的执法权限受到了极大限制。《第 17/62 号条例》构建了一个针对协议豁免的事前申报审查制度，即对于条例生效后新签订的或现存的限制性协议，如果符合豁免条件，经营者应当向欧盟委员会进行事前申报，由欧盟委员会决定是否予以豁免。成员国执法机构仅在非常有限的情况下，才有权适用第 85 条第 1 款和第 86 条，进行适当的调查与实施处罚。

早期，这种高度集中的执行体系具有一定的必要性，对于在欧盟构建竞争文化非常有效。但是，随着欧盟的扩张以及经济的发展，限制性协议

---

　　〔1〕 EEC Council, Regulation No 17: First Regulation implementing Articles 85 and 86 of the Treaty, OJ 013, 21. 2. 1962.

的案件数量也在快速增长，事先申报制度所带来的低效率也逐渐显现。在此期间，欧盟委员会曾试图通过集体豁免（block exemption）和安慰信（comfort letter）两项制度缓解案件积压的问题，同时对缺乏足够共同体利益的案件不再进行调查。据欧盟统计，在此期间欧盟委员会平均每年会发出150封至200封安慰信，90%以上的申报案件以这种非正式的方式结案，相比之下，欧盟委员会主动发起调查的案件数量过低。[1]事实上，这种非正式的结案方式存在透明度低、不符合执法确定性原则、不具有法律约束力等问题，无法作为一种长期的执法工具。1974年，欧盟法院在BRT[2]等一系列案件中确认，欧盟竞争法具有直接保护个体权利的效果，个人可以援引欧盟竞争法来维护自身权利。因此，基于集中执法体系的低效率问题，以及欧盟法院对条约直接效果的解释，有必要对欧盟竞争法的公共执行体系进行改革。

　　1999年，欧盟委员会启动了改革进程，并于2003年通过了《第1/2003号条例》。本次改革的主要目的是进一步保障有效监管并且简化行政程序，一方面，保障有效监管要求将欧盟委员会的执法权下放，使欧盟委员会能够将更多执法资源用在严重限制竞争的市场行为上，如欧盟委员会需要采取更为主动的姿态以打击卡特尔。允许成员国竞争执法机构直接适用欧盟竞争法，使成员国的执法力量成为欧盟竞争法公共执行的重要补充力量，分摊了欧盟委员会的庞大工作量。同时，成员国竞争执法机构相比欧盟委员会能够更好地发挥调查执法的职能，因为它们对本国市场环境与企业的经济活动更加熟悉，调查执法更为便利，举报人有时更愿意向本国的竞争执法机构进行举报。欧盟需要保障的就是维持欧盟竞争法在不同成员国之间的一致适用。另一方面，简化行政程序原则要求改革限制性协议豁免的事前申报制度，以及欧盟委员会对豁免的独家管辖权。《欧盟运行条约》并没有明文规定需要对豁免进行事前申报以及豁免只能由欧盟委员会

　　　〔1〕　European Commission White Paper on Modernisation of the Rules Implementing Articles 85 and 86 of the EC Treaty, Commission Programme No 99/027, 1999.
　　　〔2〕　Case 127/73, BRT 1〔1974〕ECR 51.

决定。从 1962 年到 1999 年，欧共体已经从 6 个成员国发展到 15 个成员国，欧盟竞争法几乎覆盖了所有的西欧国家。协议的集中豁免制度已经严重阻碍了经济的发展，带给企业负担较大的缔约成本和不确定性。因此，有必要将这种事前的申报模式改为事后规制模式，同时在豁免条款的适用上打破欧盟委员会的独家权力，允许成员国竞争执法机构适用豁免条款。

2. 《第 1/2003 号条例》中的分散化执行体系

《第 17/62 号条例》已经无法确保有效监管与简化行政之间的平衡，严重阻碍成员国法院与竞争执法机构对欧盟竞争法的适用。[1] 协议豁免的事前申报制度使欧盟委员会无法集中资源来遏制最严重的违法行为，也给企业带来了极大成本。《第 1/2003 号条例》旨在构建一个分散的执行体系，赋予成员国法院与成员国竞争执法机构直接适用《欧盟运行条约》第101 条和第 102 条的权力，其中协议的豁免也不再是欧盟委员会的独家管辖事项。欧盟委员会与成员国竞争执法机构同时作为欧盟竞争法的公共执法机构。成员国竞争执法机构有权对案件进行调查并作出最终决定，包括要求经营者终止违法行为、采取临时性措施、接受承诺以及施加罚款。在对具体案件进行执法时欧盟委员会与成员国竞争执法机构会进行紧密合作，包括在调查处罚的全过程中交换信息并提供咨询。如果两个或多个成员国竞争执法机构同时收到对同一案件的举报，或者针对同一行为启动调查程序，后受理的执法机构应当中止程序或拒绝受理该案件。

在内容上，《第 1/2003 号条例》可以被划分为两大部分，一是《欧盟运行条约》第 101、102 条的直接适用规则，二是竞争执法机构的权限范围与合作机制。该条例明确规定了欧盟委员会、成员国竞争执法机构以及成员国法院均能直接适用《欧盟运行条约》第 101 条和第 102 条。成员国竞争执法机构和成员国法院在适用欧盟竞争法时，应当遵守同等原则和有效原则。在竞争执法机构的权限范围方面，《第 1/2003 号条例》详细规定

---

〔1〕 Regulation 1/2003, recital para (3).

了欧盟委员会的调查权与处罚权，同时规定了成员国竞争执法机构的部分调查权和处罚权。在此基础上，成员国竞争执法机构需要依据国内法的规定行使其职权。欧盟委员会与成员国竞争执法机构及成员国法院应当保持紧密合作，包括就具体案件进行信息交换以及在执行程序上的合作与协调。

二、欧盟竞争法与成员国竞争法之间的关系

（一）欧盟竞争法与成员国竞争法的效力问题

所有欧盟成员国都拥有竞争法以及独立的执法机构，因此，如何协调欧盟竞争法与成员国竞争法之间的关系就成了一项重要的议题。其中包括①如何认定欧盟竞争法与成员国竞争法之间的优先关系；以及②如何保障欧盟竞争法在成员国得以一致适用。《第1/2003号条例》第3条规定了执行条约第81条和第82条（现第101条和第102条）与成员国国内竞争法的关系：

当成员国竞争执法机构或者国内法院适用国内竞争法于条约第81条第1款所规定的影响成员国之间交易的协议、经营者协会的决定或者协同行为时，其也应同样适用条约第81条于此类的协议、经营者协会的决定或者协同行为。当成员国竞争执法机构或者国内法院适用国内竞争法于条约第82条所禁止的任何滥用行为时，其也应同样适用条约第82条。

国内竞争法的适用不能导致影响成员国之间交易但不限制条约第81条第1款意义上的竞争，或者满足条约第81条第3款的条件，或者满足由于适用条约第81条第3款而制定条例的协议、经营者协会的决定或者协同行为被禁止。本条例不应排除成员国在其领土上通过或者适用更严格的国内法律，禁止或者处罚经营者的单边行为。

在不影响共同体法的一般原则和其他规则的前提下，当成员国竞争执法机构和法院适用国内集中控制法律，或适用与条约第81条和第82条所追求主要目标不同的国内法律规则时，第1款和第2款不再适用。

1. 欧盟竞争法优先于成员国竞争法

欧盟竞争法是由"条约"（Treaties）以及一系列的条例（regulation）、指令（directive）、决定（decision）、建议（recommendation）所组成的法律规范的总称。通常将其按照效力进行分类，其中"条约"是《欧盟条约》与《欧盟运行条约》的总称，"条约"属于基础性法律（primary legislation），可以直接在欧盟成员国适用，无需转化为成员国国内法。条例、指令、决定、建议等均属于派生性法律，或被称为"二级法"（secondary legislation），其中条例对成员国有直接的约束力，可以直接在成员国适用，无需转化为国内法。指令颁布实施后，成员国需在一定时间段内将其转化为国内法适用。决定一般是针对个案的执行决议，实施对象是特定的个体或成员国。建议属于一种软法（soft law），不具有法律约束力，仅发挥一种柔性指引的作用。欧盟竞争法中大量的实体规则以条例和指令的形式存在，例如在欧盟层面的经营者集中审查规则《欧盟合并条例》。欧盟公共执行与私人执行的程序性规则大多以指令（Directive）、通告（Notice）、指南（Guideline）的形式存在，例如规范私人损害赔偿诉讼的《损害赔偿诉讼指令》以及《欧盟委员会在卡特尔案件中罚款免除或减轻的通告》等。[1]

关于条约对私人主体发挥直接效力的问题，欧盟法院在 Van Gen den Loos 案中提出，条约的目标并非简单地在成员国之间设立一个国际协议，条约既涉及政府，也涉及个人。[2]欧洲共同体构建了一个新的国际法法律秩序，为了这个秩序，各国限制了它们的主权权力，同时适用欧共体法的主体不仅包括成员国，还包括其国民。因此，欧盟法独立于成员国法，欧盟法不仅对个人赋予权利，也施加义务。在欧盟法与成员国法的效力问题上，欧盟法院要求成员国确保欧盟法在其国内具有"直接效力"（direct effect）。在 Costa v ENEL 案中，这一"直接效力"的来源被阐释为：欧洲

---

〔1〕 Commission Notice on Immunity from fines and reduction of fines in cartel cases, OJ C 298, 8.12.2006.

〔2〕 Case 26/62, NV Algemene Transport- en Expeditie Onderneming van Gend & Loos v Netherlands Inland Revenue Administration［1963］ECLI：EU：C：1963：1, p.12.

通过建立一个无限期的共同体，拥有自己的机构、人格、法律能力和在国际上的代表能力，共同体的权力来源于对成员国主权的限制，或者说成员国将其权力转移给共同体。[1]成员国限制了它们的主权权力，从而建立了对其国民和自身都有约束力的法律体系。当欧盟法与成员国国内法发生冲突时，欧盟法优先于成员国国内法。同样在欧盟竞争法的领域中，欧盟竞争法优先于成员国竞争法，这种优先性确保了欧盟竞争法能够在欧盟范围内得以有效实施。在 Walt Wilhelm v Bundeskartellamt 案中，欧盟法院明确提出欧盟竞争法优先于成员国竞争法，国内法的适用不得妨碍欧盟竞争法的完全适用与一致适用。[2]

在程序性规则方面，《第1/2003号条例》赋予了成员国竞争执法机构与成员国法院直接适用欧盟竞争法的权力，第22条规定了成员国执法机构的调查权力。但在具体的程序规则上，成员国有权制定本国的程序规则，赋予本国执法机构相应的调查权力，以保障欧盟竞争法在成员国的实施。

2. 国内程序自治：同等原则与有效原则

成员国竞争执法机构与成员国法院在适用欧盟竞争法时，需要依照《第1/2003号条例》以及本国的程序性立法。欧盟竞争法的程序规则主要来源于成员国国内法，除非欧盟竞争法另有规定。为保障欧盟竞争法在成员国的有效实施，成员国在制定和适用国内程序规则时应遵循同等原则（principle of equivalenece）和有效原则（principle of effectiveness）。同等原则和有效原则是确保欧盟竞争法分散化实施的重要基础之一。两项原则源自成员国"国内程序自治原则"，同等原则是指成员国同等地适用成员国竞争法与欧盟竞争法，欧盟竞争法的适用不能比成员国竞争法的适用更加困难。有效原则是指国内程序规则不能使基于欧盟法产生的权利不能实施或实施极度困难。

欧盟法院在 rewe 案中第一次提出"国内程序自治原则"，并强调成员

---

〔1〕 Case 6/64, Costa v ENEL〔1964〕ECR 587, p. 593.

〔2〕 Case 14/68, Walt Wilhelm and others v Bundeskartellamt〔1969〕ECR 2, p. 17.

国应保障欧盟竞争法与成员国竞争法的同等适用，"在缺乏共同体规则的情况下，应由成员国的法律指定法院的管辖权并决定适用于法律诉讼的程序规则，以保障来自共同体法直接效果的公民权利，需要理解的是，这些规则（在适用上）不应比适用于国内类似诉讼的（程序性）规则更不便"。[1]欧盟法院在 Courage and Crehan 案中重申了"国内程序自治原则"。[2]对于保障共同体法所授予的个体权利的诉讼，在缺乏共同体规则的情况下，应当由各成员国来决定法院对案件的管辖权，并且制定详细的程序规则，只要这些程序规则符合同等原则和有效原则即可。

（二）欧盟竞争法的适用范围

1. 欧盟竞争法与成员国竞争法在适用范围上的划分

（1）《欧盟运行条约》第 101 条和第 102 条的适用范围

《欧盟运行条约》第 101 条和第 102 条的适用范围限于"可能影响成员国之间的交易"（may affect trade between Member States）的协议或行为，即限制性协议和滥用支配地位的行为必须具有跨成员国的效果。[3]"可能影响成员国之间的交易"是欧盟竞争法针对限制性协议和滥用支配地位的管辖权标准。如此设定是基于欧盟构建单一市场这一目标的。只有在限制性协议或者滥用支配地位阻碍构建单一市场时，欧盟竞争法的适用才有必要。"可能影响成员国之间的交易"是欧盟委员会、成员国竞争执法机构以及成员国法院适用第 101 条和第 102 条的先决条件。当一项协议或者滥用支配地位仅影响到某一个成员国国内的交易，或者未能显著影响成员国之间的交易，应适用该国的竞争法进行规制，而非欧盟竞争法。

---

〔1〕 Case 33/76, Rewe-Zentralfinanz eG and Rewe-Zentral AG v Landwirtschaftskammer für das Saarland．[1976]，ECLI：EU：C：1976：188，p. 1997.

〔2〕 Case C-453/99, Courage Ltd v Bernard Crehan and Bernard Crehan v Courage Ltd and Others. [2001] ECR I-06297, para15.

〔3〕 第 101 条第 1 款的原文为"以下应被作为与内部市场不一致而受到禁止：所有可能影响成员国之间交易的并且其目标或者效果是妨碍、限制或者扭曲内部市场竞争的经营者之间的协议、经营者协会的决定和协同行为，特别是……"。第 102 条第 1 款的原文为"在内部市场或大部分内部市场中的一个或多个拥有支配地位的经营者的任何滥用（行为）应被作为与内部市场不一致而禁止，只要其可能影响成员国之间的交易"。

　　欧盟法院在 1966 年的 Société Technique Minière 案中对"可能影响成员国之间的交易"这一概念进行了详细解释，提出根据一系列客观的法律因素，以足够大的概率预见有关协议可能对成员国之间的交易模式产生直接或间接、实际或潜在的影响。[1] 为了厘清"可能影响成员国之间的交易"这一概念的内涵，欧盟委员会于 2004 年发布《条约第 81 条和第 82 条中对交易的影响指南》（以下简称《对交易的影响指南》）[2]。《对交易的影响指南》在总结欧盟法院判例的基础上，为成员国竞争执法机构及成员国法院在适用欧盟竞争法上提供了一个一般性的指引。

　　根据《对交易的影响指南》，在认定是否构成"可能影响成员国之间的交易"时，需要分别考量"成员国之间的交易""可能影响"以及"显著性"三个构成要件，并在个案中进行具体分析。首先，"成员国之间的交易"不仅限于传统货物或服务的跨境流动，而是涵盖所有跨境经济活动，包括货物、服务、人员和资本的自由流动。若限制性协议或者滥用支配地位对市场结构产生或者可能产生影响，也属于此类情形。成员国之间的交易是指对至少两个成员国的跨境经济活动产生影响，不要求覆盖一个成员国的全部经济活动，只要对交易的影响是显著的即可。

　　其次，"可能影响"意味着必须存在一套客观的法律或事实因素，以足够大的概率预见该行为可能对成员国之间的交易模式产生直接或间接、实际或潜在的影响。换言之，"可能影响"包括现实已经产生的影响，也包括未来有可能出现的影响。为确定何为"可能影响"，欧盟法院建立了一套"交易模式"测试，包括考察：①基于一系列客观的法律或事实因素，产生影响的概率达到一定程度；②是否对成员国之间交易模式产生影响；③是否对交易模式产生直接或间接、真实或潜在的影响。经营者本身属于跨境经营，或者涉案行为产生了跨境影响，或者涉案商品具有跨境因

————————

〔1〕　Case 56/65, Société Technique Minière v Maschinenbau Ulm［1966］, ECLI：EU：C：1966：38.

〔2〕　Guidelines on the effect on trade concept contained in Articles 81 and 82 of the Treaty, OJ C 101/81.

素都可以被认定为构成"可能影响成员国之间的交易"。这种测试是基于客观事实的评估，通常情况下经营者的主观意图不会对测试的结果产生影响。

最后，这种跨境影响需要达到"显著的"程度。若行为对市场的影响微小，不属于欧盟竞争法所调整的范围。这里的显著性可以通过行为和产品的性质以及经营者的市场地位进行判断，例如对经营者的市场份额、销售额的绝对值或者相对值进行衡量，经营者的市场力量越强，其行为的影响就越显著。针对显著性评估，欧盟委员会制定了一个定量评估的负面清单。符合负面清单的情形，自动进入安全港，不再被认定为具有显著影响：①在共同体内，受协议影响的相关市场中，各经营者的市场份额总和不超过5%；②当经营者签订的是横向协议时，相关经营者在协议所涉及的产品在共同体市场中年度总营业额不超过4000万欧元；当经营者签订的是纵向协议时，供应商在协议中所涉及的产品在共同体年度总营业额不超过4000万欧元。

（2）《欧盟合并条例》的适用范围

在经营者集中上，欧盟竞争法实施的是"一站式审查"，并遵守辅助原则。欧盟竞争法中，经营者集中的审查范围是"共同体层面上的集中"（concentration with a Community dimension），即企业的经营活动在欧盟境内，并且营业额符合欧盟集中审查的门槛。[1]"一站式审查"意味着只要是"共同体层面上的集中"均由欧盟委员会独家进行审查，成员国不享有审查权。反之，不符合《欧盟合并条例》中规定的审查门槛的经营者集中，由成员国依据国内法的规定进行审查。"一站式审查"可以有效避免同一集中交易多重申报所带来的法律不确定性、高实施成本以及相冲突的

---

[1]《欧盟合并条例》将"共同体层面上的集中"的审查门槛设定为：①所有相关经营者的全球总营业额超过50亿欧元，②至少两个相关经营者在共同体范围内的总营业额均达到2.5亿欧元，除非经营者中的每一个均在一个或同一个成员国获得共同体范围内总营业额的2/3。若不满足上述两个条件，但是符合①所有相关经营者的全球总营业额超过25亿欧元，②在至少三个成员国中的每一个，所有相关经营者的总营业额都超过1亿欧元，③在上述至少三个成员国中的每一个，至少两个相关经营者中的每一个总营业额超过2500万欧元，④至少两个经营者在共同体范围内的总营业额均超过1亿欧元，除非经营者中的每一个均在一个或同一个成员国获得共同体范围内总营业额的2/3，也属于"共同体层面上的经营者集中"。

审查结果。

在经营者集中审查方面，欧盟委员会与成员国竞争执法机构之间是紧密、持续合作的关系。欧盟委员会与成员国竞争执法机构共同组成一个执法网络，在各自职权范围内紧密合作，确保有效的信息共享与咨询，以保障案件的审查由最适当的执法机构进行，避免经营者负担多重申报的风险。在必要时，欧盟委员会与成员国执法机构之间会互相移送案件。欧盟委员会可以在特殊情况下将"共同体层面上的集中"移送给成员国竞争执法机构进行审查。《欧盟合并条例》第 4 条第 4 款规定了移送案件的条件，包括：①有迹象表明，拟审查的集中可能会严重影响一个成员国市场中的竞争；②该成员国市场具有一个独立市场的所有特征。当上述条件可以被满足，并且欧盟委员会同意将案件移送成员国竞争执法机构时，那么参与集中的经营者需要按照该成员国的国内竞争法进行申报，成员国竞争执法机构也按照国内法对经营者集中进行审查。另外，参与集中的经营者也可主动申请由欧盟委员会对不符合"共同体层面上的集中"的情况进行审查，前提是该集中符合至少三个成员国审查标准。[1]当集中影响成员国之间的交易并且严重威胁一个或多个成员国境内的竞争，成员国竞争执法机构也可以要求欧盟委员会对非"共同体层面上的集中"的情况进行审查。这一移送制度主要规定在《欧盟合并条例》第 22 条中，最早这一条是为了应对诸如荷兰等成员国缺乏经营者集中审查制度的问题。[2]

（3）欧盟国家援助条款的适用范围

《欧盟运行条约》第 107 条至第 109 条为国家援助条款，欧盟对国家援助实施的是"普遍禁止+例外豁免"的制度，任何由成员国所授予的或者通过国家资源提供的援助，如果有利于某些企业或者某些商品的生产，扭曲或者可能扭曲市场竞争，影响到成员国之间的交易，就构成与欧盟内部市场不兼容。欧盟对国家援助措施实施的是事前审查机制，负有审查职责的机构是欧盟委员会。只要一项措施符合欧盟对国家援助的定义，各成

---

〔1〕 Merger Regulation, Article 4 (5).

〔2〕 Moritz Lorenz. An introduction to EU competition law. Cambridge University Press, 2013：259.

员国必须在实施之前向欧盟委员会进行申报，在获得欧盟委员会正式的批准之后，才可以付诸实施。[1]国家援助是成员国公共当局在有选择的基础上给予经营者特定的利益。首先，只有给予特定经营者的利益才构成国家援助，给予个人或者给予所有经营者的一般性措施不构成国家援助，无须进行申报。经营者的判定标准为是否从事经济活动，而不取决于其是否以营利为设立目的，非营利实体在市场中从事经济活动也应适用国家援助的规定。但是国家援助制度不适用于国家行使公共权力或者公共实体以公共当局的身份行事的情况，即有关活动属于国家基本职能，或者其性质、目标和相关规则与这些职能相关，除非成员国决定采取市场机制实现此类职能。此外，如果保险、医疗、教育和文化遗产保护不涉及经济活动，也不适用国家援助。

其次，给予援助的主体是一个国家机关，国家援助是由国家机关将国家资源直接或间接给予经营者。公共机构或公共企业直接或间接进行经济交易时，也应遵循国家援助制度。所给予的"利益"是正常市场条件下经营者无法获得的。国家援助可能表现为多种形式，包括拨款、免息、税收优惠、担保、政府持股、以优惠的形式提供商品或服务等。只要经营者的财务状况因国家干预而得到改善，"利益"就可以被认定。国家援助具有歧视性，所给予的"利益"是有利于某些特定经营者或某类商品的生产，纯粹普惠性的措施不构成国家援助。

最后，依据第 107 条第 1 款，国家援助还应当具有"扭曲或者威胁扭曲竞争"的效果，并且能够"影响成员国之间的交易"。只要国家援助有可能改变接受援助的经营者的竞争地位，就可能被视为"扭曲或者威胁扭曲竞争"。同时，对经营者的支持措施只有在可能"影响成员国之间的交易"时，才构成欧盟竞争法所禁止的国家援助。在具体判定时，无需证明援助对成员国之间的交易产生了实际影响，只要该援助可能影响这种交

---

〔1〕 这种事前申报也存在三种例外情况：一是集体豁免所涵盖的国家援助；二是在三个财政年度的任意时期内，针对每项业务的最低援助不超过 20 万欧元（道路运输部门为 10 万欧元）；三是依据欧盟委员会已经批准的援助计划所进行的援助。

易，就应当适用国家援助制度。与协议、滥用支配地位条款中对"影响成员国之间的交易"的界定不同，在国家援助中即使接受援助的经营者并未从事跨境贸易或者仅在本地提供服务，对其的援助仍有可能被视为"影响成员国之间的交易"。因为在内部市场一体化的背景下，国家援助的影响往往是跨成员国的，对本国经营者进行援助也会排斥他国经营者在本国市场上的竞争。

2. 特定领域的适用除外

欧盟竞争法在特定领域是被排除适用的，具体包括农产品、国防以及交通等。

（1）农产品

《欧盟运行条约》给予农产品（包括渔产品）在适用竞争法上的特殊待遇，第 42 条第 1 款规定，竞争规则仅在第 43 条第 2 款的框架内，同时考量第 39 条所规定的目标，在欧洲议会和理事会确定的程度上适用于农产品的生产和交易。也就是说，在农产品的生产和销售领域适用竞争规则，需要考量共同农业政策的框架，以及提高农业生产力、保障农业社区的公平标准、稳定市场以及保障供应与合理价格等目标。

（2）国防

国防在欧盟法中是一个特殊的领域，《欧盟运行条约》第 346 条第 1 款（b）项规定，任何欧盟成员国均可以采取必要措施保护其安全上的关键利益，包括生产或交易武器、弹药和军事物资，上述措施不受欧盟竞争法的约束。但是，上述措施不得影响针对非专门用于军事目的的产品在内部市场中的竞争。

（3）交通的特定领域

部分交通特定领域不适用欧盟竞争法，为此欧盟制定了相应的豁免条例，诸如《第 169/2009 号条例》规定，为了改善公路、内河航道部门过于分散的行业结构，对经营者之间达成的限制性协议予以豁免。[1]

---

[1] Council Regulation (EC) No 169/2009 of 26 February 2009 applying rules of competition to transport by rail, road and inland waterway, OJ L61, 5.3.2009.

（三）成员国适用欧盟竞争法的义务

1. 忠实合作义务

《欧盟条约》第 4 条第 3 款规定了成员国的忠实合作义务（duty of sincere cooperation），根据忠实合作原则，欧盟与成员国应在充分相互尊重的前提下，协助执行条约所规定的任务。成员国应采取任何适当的一般或特殊措施，以确保履行由条约产生的或由欧盟机构行为所产生的义务。成员国应促进条约目的的实现，避免采取任何可能危及条约目的实现的措施。根据第 4 条第 3 款的规定，成员国既需要积极作为，采取各种措施实现欧盟条约的目的（积极义务），同时也要避免可能阻碍条约目的的实现的各种立法政策（消极义务）。如果成员国违反了忠实合作义务，欧盟委员会有权依据《欧盟运行条约》第 258 条对其采取行动，要求该成员国对其行为进行解释并履行忠实合作义务。如果成员国未能在确定时间内实施欧盟委员会的意见，欧盟委员会有权在欧盟法院提起诉讼。一个典型的案例是 Commission v Italy 案，在该案中欧盟委员会因意大利政府未履行理事会关于废弃物回收的指令，而向欧盟法院提起了诉讼。[1]

成员国的忠实合作义务体现在本国法制定与实施的全过程中。在立法方面，依据第 4 条第 3 款，当成员国的立法与欧盟条约相违背，任何主体均可在国内法院提起确认立法无效之诉。欧盟法院在 Consorzio Industrie Fiammiferi 案中明确，"国内立法因违反欧盟法而无效"这一原则不仅适用于国内法院，也同样适用于成员国的行政机关。[2] 成员国有义务避免采取与欧盟竞争法相抵触的竞争政策。如果成员国违背了忠实合作义务，欧盟委员会可以依据《欧盟运行条约》第 258 条向成员国提出一个合理意见，以督促成员国遵守条约义务。在法的实施方面，在 Delimitis 案[3]和 Mas-

---

〔1〕 Case C-194/05, Commission of the European Communities v Italian Republic〔2009〕ECR I-00519.

〔2〕 Case C-198/01 Consorzio Industrie Fiammiferi (CIF)〔2003〕ECR I-8055,〔2003〕5 CMLR 829, paras 49-50.

〔3〕 Case C-234/89, Stergios Delimitis v Henninger Bräu AG〔1991〕ECR I-00935, paras 47.

terfood 案[1]中，欧盟法院裁定，为保障欧盟竞争法适用的确定性，成员国法院必须避免其决定与欧盟委员会的决定相冲突。即使成员国法院在先的一审判决与欧盟委员会在后的决定相冲突，二审判决也应当按照欧盟委员会的决定进行修正。如果成员国法院对欧盟委员会决定的有效性存在疑问，其仅可以通过初步裁决程序要求欧盟法院进行解释。

2. 《欧盟运行条约》第 106 条与国家援助制度中的成员国义务

在欧盟竞争法中，成员国义务还特别体现在《欧盟运行条约》第 106 条与国家援助制度中。第 106 条是欧盟管制型行业自由化的重要制度保障，特别是针对诸如电信、邮政、能源等网络型自然垄断行业，涉及其经营的国内立法应当与欧盟竞争法相一致。《欧盟运行条约》第 106 条第 1 款规定，针对公共企业以及拥有特殊或独家权利的企业，成员国应保证国内规则不会与欧盟竞争法相抵触。[2]成员国不得颁布或维持与欧盟竞争法相抵触的规则，包括立法、行政法规以及任何由公共机关所颁布的规范。上述规则不能与《欧盟运行条约》第 18 条以及第 101 条至第 109 条相违背，在Höfner & Elser v Macrotron 案中，欧盟法院确认，如果成员国政府授予一家公共机构独家经营权，导致该机构不可避免地违反了第 102 条，则该成员国构成违反第 106 条第 1 款。[3]

第 106 条第 2 款规定，提供具有普遍性经济利益的服务的企业与产生垄断收入的企业也应遵守欧盟竞争法，除非适用欧盟竞争法会在法律上或事实上阻碍上述两类企业的经营活动。"普遍性经济利益的服务"（services of general economic interest）被定义为，持续地为相关地区内的所有消费者，以统一的价格提供服务，诸如邮政服务。第 106 条第 3 款规定，欧盟委员会有义务保障本条的实施，并为此向成员国发出适当的指令或决定。

---

　　[1]　Case C-344/98-Masterfoods Ltd v HB Ice Cream Ltd［2000］ECR I-11369, para 51.

　　[2]　第 1 款中的"公共企业"是指基于所有权、财务来源或管理规则，成员国公共机关直接或间接对其施加主导影响的企业。"拥有特殊与独家权利的企业"是指拥有公共机关所授予的特殊或独家经营权的非公共企业。而国内规则包括成员国立法、行政法规以及任何由公共机关所颁布的规范。

　　[3]　Case C-41/90, Klaus Höfner and Fritz Elser v Macrotron GmbH［1991］ECR I-01979.

具体来说，欧盟委员会可以通过向成员国发出一项决定，确定成员国违反了欧盟条约的义务，也可以通过发布指令，作为一般性的规则指引，预防未来可能的违法行为。

在国家援助方面，成员国的义务贯穿于整个援助审查过程中。首先，在程序启动阶段，成员国有义务在实施援助之前向欧盟委员会进行申报。成员国必须在欧盟委员会作出批准的决定之后，才可以实施援助计划。其次，成员国在申报之后，有义务配合欧盟委员会的调查，向欧盟委员会提供其所要求的信息。如未能按时提供信息，视为撤回申报。再次，一旦欧盟委员会决定该援助与内部市场不兼容，或者该援助被滥用，其应要求有关成员国在一定期限内废止或者改变此类补贴。未经欧盟委员会批准的援助是违法的援助，成员国不得实施。最后，为保证已经被批准的援助能够持续与内部市场兼容，成员国有义务配合欧盟委员会的持续监管。这种持续监管包括针对之前被欧盟委员会认定为与内部市场不兼容的援助，以及过去被批准但现在已经不符合内部市场要求的援助。欧盟委员会在针对上述两类援助进行重新检视时，成员国需要在指定时间内提出相关意见，并按照欧盟委员会的要求对援助措施进行调整。如果成员国拒绝进行调整，欧盟委员会有权启动正式调查程序。如果欧盟委员会针对已经实施的援助作出否定的决定，成员国有义务按照欧盟委员会的要求收回已经支付的援助（"补救案"）。

三、欧盟竞争法的执行机构

（一）欧盟委员会

欧盟委员会是欧盟条约的执行者，也是欧盟竞争法的主要公共执行机构。欧盟委员会竞争总司（DG Competition）是负责竞争法公共执行的主要部门，其主要负责针对限制性协议、滥用支配地位的调查与处罚，以及针对经营者集中和国家援助的审查工作。其中针对协议和滥用支配地位，欧盟竞争法采取事后调查模式，欧盟和成员国执法机构均无权进行事前审查。针对经营者集中和国家援助，欧盟竞争法采取事前审查模式，只要符合相关的门槛规定，相关经营者与成员国应在事前就其集中或国家援助项目向欧盟委员会进行申报，经过审查批准之后才可以实施集中或国家援助。对于经营者集中以及国家援助案件，欧盟委员会是唯一的审查机关。[1]

针对限制性协议和滥用支配地位，《欧盟运行条约》第 105 条赋予了欧盟委员会相应的执法权限与义务，明确规定欧盟委员会有义务保障《欧盟运行条约》第 101 条和第 102 条的适用。欧盟委员会应根据成员国的申请或者依职权，在与成员国执法机构合作的情况下，对违反《欧盟运行条约》第 101 条和第 102 条的行为进行调查，成员国执法机构应当予以协助。《第 1/2003 号条例》赋予了欧盟委员会较为广泛的执法权，具体包括针对特定经济部门和特定类型协议进行调查、询问信息以及搜查的权力，成员国执法机构应当协助欧盟委员会开展调查。在调查结束之后，欧盟委员会有权作出的最终决定包括：①认定并终止违法行为；②采取临时性措施；③承诺决定；④认定行为不适用《欧盟运行条约》第 101 条和第 102 条以及⑤罚款。

（二）成员国竞争执法机构

成员国竞争执法机构也是欧盟竞争法的公共执行机构。《第 1/2003 号条例》赋予成员国竞争执法机构直接适用《欧盟运行条约》第 101 条和第 102 条的权力，为此成员国竞争执法机构可以对限制性协议以及滥用支配地位进行调查，并作出责令终止违法行为、施加临时性措施、接受经营者承诺以及施加罚款等决定。成员国执法机构在适用欧盟竞争法的过程中，要与欧盟委员会保持紧密合作。

成员国竞争执法机构直接适用《欧盟运行条约》第 101 条与第 102 条，特别是直接适用第 101 条第 3 款（协议的豁免条款），是欧盟竞争法实施程序现代化改革的重要成果，也是欧盟竞争法分散化实施体系的重要体现。根据欧盟的统计，目前欧盟 27 个成员国均拥有自己独立的竞争执法机构。自 2004 年起，欧盟委员会和成员国竞争执法机构作出了超过 1000

---

〔1〕　成员国执法机构仅在特殊情况下拥有对"共同体层面的经营者集中"的审查权。

个处罚决定。调查范围涉及所有经济部门，从 2004 年到 2014 年，成员国竞争执法机构所执法的案件占欧盟总案件量的 85%。[1] 根据部分成员国执法机构在 2014 至 2017 年间的统计与研究，成员国的执法活动为消费者切实带来了巨大好处。荷兰竞争执法机构估计其 2014 年的执法行动带来了 2.6 亿欧元的利益，英国竞争执法机构估计其执法活动在 3 年内给消费者带来的直接经济利益平均为 7300 万英镑。[2]

　　成员国竞争执法机构的执法力量弥补了欧盟委员会在执法人员与经费上的不足，但同时也带来了法律适用不一致的问题。为了保证成员国竞争执法机构与欧盟委员会在适用法律上的一致性，2017 年欧盟委员会对成员国适用欧盟竞争法的情况进行了调查，并提出四大困境：一是成员国普遍缺乏有效的调查和决策工具，并且无法解决跨成员国调查的问题。[3] 调查表明，成员国执法机构普遍缺乏足够的调查与决策工具，例如保加利亚、丹麦和意大利的竞争执法机构无权进入企业职员或高管的住所进行搜查，而相关人员往往会将重要证据藏匿在家中。在认定违法行为方面，11 个成员国的竞争执法机构在集中审查中缺乏结构性救济措施，而在行为性救济措施方面，很多执法机构也面临着监管上的限制与困难。上述限制也进一步影响到了成员国执法机构之间的合作和跨成员国调查的开展，《第 1/2003 号条例》赋予成员国执法机构之间合作的义务，在其他成员国执法机构的要求下，一国执法机构有义务在其境内开展调查，但调查工具的匮乏直接导致跨境合作难以发挥效用。二是成员国执法机构缺乏足够的职权以

---

〔1〕　"European Parliament, Empowering National Competition Authorities"，https://www.europarl.europa.eu/RegData/etudes/BRIE/2017/608816/EPRS_ BRI（2017）608816_ EN. pdf。

〔2〕　"Autoriteit Consument & Markt, 2014 ACM Annual Report, 2015-03, para 6. 2.，载 https://www.acm.nl/en/publications/publication/14113/2014-ACM-Annual-Report. UK Competition & Markets Authority, CMA impact assessment 2015/16, 2016 - 07, para3. 5.，https://assets.publishing.service.gov.uk/government/uploads/system/uploads/attachment_ data/file/537539/cma-impact-assessment-2015-16. pdf.

〔3〕　COMMISSION STAFF WORKING DOCUMENT IMPACT ASSESSMENT Accompanying the document Proposal for a DIRECTIVE OF THE EUROPEAN PARLIAMENT AND OF THE COUNCIL to empower the competition authorities of the Member States to be more effective enforcers and to ensure the proper functioning of the internal market, Brussels, 22. 3. 2017 SWD（2017）114 final.

施加有威慑效果的罚款，具体表现为罚款难以反映竞争损害的程度并且罚款的性质可能抑制威慑效果。各成员国在罚款计算方法、系数以及罚款上限的设定上存在巨大差异，在计算罚款时大多数成员国都以经营者的全球营业额为计算基础，少数成员国会以本国营业额为计算基础。部分成员国的罚款上限设定过低，与竞争损害的程度不成比例。在罚款承担方面，五个成员国无法要求母公司对其控制的子公司的违法行为负责，部分成员国法院拒绝要求违法者的法律继承人或经济继承人承担罚款，部分成员国无法对经营者协会进行处罚。在罚款性质方面，成员国之间也存在较大差异，大部分成员国的罚款属于行政处罚性质，三个成员国采取的是民事罚款，丹麦、爱尔兰、爱沙尼亚和德国等五个成员国实施的是刑事或准刑事罚款。刑事或准刑事罚款一定程度上会抑制成员国执法的频率，在 2004 至 2013 年间，爱尔兰和爱沙尼亚针对第 101 条和第 102 条的执法案件过少，分别为一件和三件，甚至在此期间爱尔兰从未对核心卡特尔进行过处罚，而丹麦仅处罚过一次。三是宽大程序在适用中的差异导致对卡特尔案件的执法效率较低，表现为①成员国之间关于宽大程序获得者的范围规定不一致；②宽大、和解证据的保护水平较低；③缺乏个人宽大机制。四是成员国竞争执法机构的独立性保障不足，《第 1/2003 号条例》缺乏成员国执法机构独立性规范，执法机构的独立性完全取决于成员国对执法机构的授权。根据欧盟委员会的调查，部分成员国的竞争执法活动会受到来自立法机构的压力，部分执法机构由于缺乏执法资源（人力、物力）而无法保持独立性。

为解决这四大困境并加强欧盟竞争法公共执行的一致性，2019 年欧洲议会和理事会共同发布了《赋予成员国竞争执法机构作为更有效的执行者的权力并确保内部市场适当运作的指令》[1]，对成员国竞争执法机构适用欧盟竞争法的程序性事项进行规范。该指令通过后，欧盟成员国有义务在

---

〔1〕 DIRECTIVE (EU) 2019/1 OF THE EUROPEAN PARLIAMENT AND OF THE COUNCIL of 11 December 2018 to empower the competition authorities of the Member States to be more effective enforcers and to ensure the proper functioning of the internal market, OJ L11/3, 2019.

一定期限内修改国内法，将指令内化为国内法继续实施。该指令对基本权利保障、执法机构独立性、调查权和作出决定权、罚款的计算与宽大程序的适用、执法机构之间的合作、公共执行与私人执行的协调等事项进行了规范，目的是加强成员国执法机构的执法权力以及保障执法标准的一致性。在成员国竞争执法机构的独立性保障方面，该指令要求成员国保证其执法机构在履行职责的过程中不受到外部力量的影响，不寻求或接受任何公共或私人实体的指示，避免采取与行使职权相抵触的行动。执法人员的挑选、任命以及解聘都是基于法定、透明的程序。另外，为了保障独立性，成员国应确保竞争执法机构有充足的人力、财力以及技术手段，确保其拥有独立的预算，并且定期向行政或立法机构提交关于执法活动和资源的报告。

（三）成员国法院

成员国法院在欧盟竞争法执行上具有双重功能，一方面成员国法院是司法审查机构，经营者对成员国竞争执法机构所作出的决定不服的，可以向成员国法院进行上诉，另一方面成员国法院是欧盟竞争法的主要实施机构之一，负责受理私人提起的民事诉讼。《第1/2003号条例》第6条赋予了成员国法院直接适用《欧盟运行条约》第101条和第102条的权力。成员国法院直接适用欧盟竞争法为欧盟竞争法的私人执行奠定了基础。在欧盟，任何个体因违反《欧盟运行条例》第101条与第102条的行为而遭受损失，均可向成员国法院提起私人诉讼。需要注意的是，成员国法院并没有欧盟条约的解释权，当欧盟竞争法在适用上出现争议时，成员国法院需要提起初步裁决程序，要求欧盟法院（Court of Justice）作为条约的解释机关进行解释。

在适用欧盟竞争法方面，成员国法院需要与欧盟委员会、成员国竞争执法机构保持合作：一是成员国法院应将其书面判决转发欧盟委员会，二是成员国竞争执法机构可以在私人诉讼程序中扮演"法庭之友"的角色，向成员国法院提交书面或者口头意见。

（四）执行机构之间的合作与协调

《第1/2003号条例》第四章规定了欧盟竞争法执法机构之间的合作，

具体包括欧盟委员会与成员国竞争执法机构之间的合作、欧盟委员会与成员国法院之间的合作以及成员国机构之间的合作。此外，在《第 1/2003 号条例》的框架下，欧盟委员会与成员国竞争执法机构也通过欧洲竞争网（European Competition Network，ECN）来加强合作。

1. 欧盟委员会与成员国竞争执法机构之间的合作与协调

《第 1/2003 号条例》第 11 至 13 条以及第 16 条第 2 款规定了欧盟委员会与成员国竞争执法机构之间的合作，具体包括在总体原则、管辖权划分、程序协调、信息交换以及最终决定的一致性等方面。在合作的总体原则上，欧盟委员会与成员国竞争执法机构应当保持紧密合作（close cooperation）。在管辖权的确定方面，一旦欧盟委员会针对某一限制性协议或者滥用支配地位开启调查程序，成员国竞争执法机构就自动丧失了对该案的调查执法权。具体包括两种情况：一是当欧盟委员会首先启动调查程序时，针对同一事项成员国竞争执法机构就不再拥有管辖权；二是 ECN 对管辖进行重新分配而使欧盟委员会获得对案件的管辖权。如果成员国竞争执法机构先于欧盟委员会开启一项调查，欧盟委员会只有在咨询成员国执法机构之后才能启动调查程序。[1]欧盟委员会有权以成员国竞争执法机构已经开启调查为由，拒绝受理相关的举报。在程序协调方面，一是在案件启动调查阶段，成员国竞争执法机构应当及时通知欧盟委员会；二是在案件调查过程中以及在作出最终决定前，成员国竞争执法机构可以随时就欧盟竞争法的适用问题向欧盟委员会咨询意见。

为了保障欧盟竞争法的一致适用，成员国竞争执法机构应与欧盟委员会保持信息交换，包括机密信息的交换。针对信息交换可能带来的证据被泄露或者滥用的风险，欧盟竞争法对信息的使用进行了较为严格的限制。所交换的信息仅能作为证据，适用于《欧盟运行条约》第 101 条和第 102 条的调查执法程序，并且信息的使用要符合收集信息的初始目的。在确保不会导致同一案件执法结果不同的情况下，所交换的信息也可以适用于同

---

〔1〕　Regulation 1/2003, Article 11 (6).

一案件依据成员国竞争法所开启的执法程序。除上述情况外，所交换的信息不能用于其他目的。当成员国与欧盟同时对同一案件进行调查时，考虑到部分成员国竞争法存在个人责任，可能会出现将所交换的信息被用于认定个人责任的情况。仅在两种特定情况下，所交换的信息可以被适用于认定个人责任，一是可以预见适用发送信息机构所在国的法律会导致与适用《欧盟运行条约》第 101 条和第 102 条相似的处罚；二是在收集信息的同时，该自然人的抗辩权已经得到保障，但监禁性的处罚除外。

为保障最终决定的一致性，当欧盟委员会已经针对某一协议、行为作出最终决定后，成员国竞争执法机构应避免作出与欧盟委员会决定相抵触的决定。当然相反的情形也可能出现，针对同一行为，当成员国竞争执法机构作出决定在前，欧盟委员会作出决定在后，成员国竞争执法机构应于最终决定作出前 30 日通知欧盟委员会，并向欧盟委员会提供必要的信息，如案件摘要、预期的最终决定或者拟采取的法律行动等。这些信息也可以同样提供给其他成员国竞争执法机构。在欧盟委员会的要求下，该成员国竞争执法机构应向其提供对于评估案件所必要的其他相关文件，这些文件也可以同样提供给成员国竞争执法机构。

2. 欧盟委员会与成员国法院之间的合作

欧盟委员会与成员国法院之间的合作主要集中于信息的交换以及最终裁决的一致性两个方面。在适用《欧盟运行条约》第 101 条和第 102 条时，成员国法院可以要求欧盟委员会向其转交所掌握的信息或者提供有关适用欧盟竞争法的意见。在私人诉讼程序中，欧盟委员会可以作为"法庭之友"发表意见。为保障欧盟委员会与成员国法院适用欧盟竞争法的一致性，成员国法院就同一行为适用《欧盟运行条约》第 101 条和第 102 条时，不能作出与欧盟委员会已经作出的最终决定或者即将作出的最终决定相抵触的裁决。为此，成员国法院应当自行评估是否有必要中止诉讼程序。成员国有义务将国内法院适用《欧盟运行条约》第 101 条和第 102 条所作出的书面裁决的复印件转交欧盟委员会。

3. 成员国机构之间的协调

为了保障欧盟竞争法一致适用这一目标的实现，成员国竞争执法机构与本国的国内法院之间、不同成员国竞争执法机构之间同样需要在程序上进行协调。成员国竞争执法机构与成员国法院有必要针对同一案件的公共执行程序与私人诉讼程序进行协调。具体体现为成员国竞争执法机构有权在诉讼程序中表达意见，为此，执法机构可以要求法院向其提供作出口头或书面意见所需的必要案件信息。在此基础上，成员国可以通过制定国内法进一步加强竞争执法机构与法院之间的协调，赋予竞争执法机构更广泛的权力。

不同成员国执法机构的协调包括在管辖权上的协调以及在执行方面的互助。在管辖权方面，不同成员国竞争执法机构可能同时受理同一个案件。在适用欧盟竞争法的过程中，当两个或多个成员国竞争执法机构依举报或者依职权开启针对同一行为的调查时，后开启调查的执法机构应当中止其程序或者拒绝受理相关的举报。执行互助主要包括在调查上以及案件信息交换上的互助。在调查上，不同成员国竞争执法机构应当在搜查和询问上提供互助，代表他国执法机构行使调查权并且允许他国的执法人员在本国执法人员的陪同下进行必要的搜查和询问。一个成员国的执法机构有义务协助另一成员国执法机构将初步的异议决定或其他程序性决定告知经营者，有义务协助另一成员国执法机构执行罚款和定期罚款。

4. 欧洲竞争网

为加强欧盟成员国执法机构之间的合作，欧盟委员会与成员国执法机构共同组成了"欧洲竞争网"（European Competition Network，ECN），作为一个保障欧盟竞争法有效、一致实施的合作论坛。ECN 的成员为 27 个欧盟成员国竞争执法机构。成员国执法机构可以通过 ECN 交换信息，通报其拟采取的决定，采纳其他成员国执法机构的意见，协调案件管辖与调查，在必要时协助其他成员国执法机构对特定案件进行调查，加强政策研究讨论。

当成员国竞争执法机构依职权或者依举报开启一项调查时，一般不会出现需要重新分配案件的情况。但是如果竞争执法机构认为自己不适合针对案件采取执法行动，或者竞争执法机构认为自己适合采取执法行动时，就需要对案件进行重新分配。案件重新分配的目的是保障竞争法的有效实施和欧盟的共同利益，使案件可以被分配给一个更适合、更有效的竞争执法机构。判定执法机构更适合管辖案件的标准包括：①协议或行为发生在境内或者源于境内，对其境内的竞争有实质性的直接影响或者可预见的影响；②该执法机构能够更有效地制止违法行为，并能够保证适当的处罚被实施；③执法机构有能力收集必要证据。[1]

在实际执法中可能出现以下几种情况：一是某一协议或行为主要发生在单一的成员国境内，此时由该成员国竞争执法机构受理即可。二是某一协议或行为由一个特定成员国竞争执法机构进行执法更为有利，则由该执法机构进行管辖。三是若某项协议或行为会对两个或三个成员国分别产生实质性影响，由一个成员国竞争执法机构进行管辖不足以对其充分制裁，此时需要由各自成员国竞争执法机构分别在本国境内采取执法行动。在多个执法机构共同执法的情形下，其中一个执法机构为牵头机构，负责协调调查措施。在协调下，其他执法机构仍独立开展调查活动。四是某项协议或行为对三个以上成员国的竞争将产生实质性影响，或者该协议或行为涉及欧盟其他法规，由欧盟委员会进行执法会更为有效，此时应由欧盟委员会进行执法。在这种情况下，欧盟委员会可以选择执行全部案件，也可以选择在一个成员国市场进行执法，形成一个主导案件，其他成员国市场由该国竞争执法机构进行执法。执法机构之间的互相通报制度能够有效避免重复调查、重复处罚的风险。当出现需要重新分配管辖的情形时，多个执法机构应当在2个月内根据案件情形达成重新分配管辖协议。

在一致适用欧盟竞争法方面，ECN构成执法机构之间信息交换与程序通报的平台。首先，在管辖权的确定方面，成员国竞争执法机构在首次采取调查措施之前，依据《第1/2003号条例》第11条第3款，应当通知ECN，以确定该案应由哪个机构管辖。其次，一旦欧盟委员会决定依据《第1/2003号条例》第11条第6款启动执法程序，其需要在合理期限内通

---

[1] Commission Notice on cooperation within the Network of Competition Authorities, OJ C101/43, 27.4.2004, para 8.

过 ECN 告知成员国竞争执法机构。最后，成员国执法机构应当及时将其作出的最终决定通报给欧盟委员会，并将相关信息与其他成员国执法机构共享。成员国竞争执法机构拟采取的其他决定，诸如拒绝举报、依职权终止程序或者实施临时性措施，可以通过 ECN 向其他成员国竞争执法机构进行通报。

为保障成员国竞争执法机构在欧盟经营者集中审查上的一致性，2010年欧盟委员会、成员国竞争执法机构以及欧洲经济区（EEA）成员国竞争执法机构的观察员共同成立了"欧盟集中工作组"（the EU Merger Group）。工作组的目标是提升欧盟集中审查的一致性，促进执法机构之间的合作，确保集中审查的有效实施。成员国竞争执法机构在经营者集中的领域展开合作，有利于执法机构获得充分且一致的信息，减轻参与集中经营者和第三方的负担，提升集中审查的效率、透明度、有效性和及时性。

5. 限制性行为和支配地位咨询委员会

除上述机制外，欧盟委员会与成员国竞争执法机构还通过"限制性行为和支配地位咨询委员会"（the Advisory Committee on Restrictive Practices and Dominant Positions，以下简称"咨询委员会"）来加强合作。根据《第1/2003号条例》第 14 条，欧盟委员会在作出诸如认定行为违法、施加临时性措施、罚款、接受经营者承诺或者撤销案件等最终措施之前，应当向咨询委员会进行咨询。咨询委员会由成员国竞争执法机构的专家代表组成，有权对个案认定以及欧盟竞争法事项进行讨论。咨询委员会最早源于《第17/62号条例》第 10 条第 3 款，该款规定欧盟委员会在认定行为违法、适用豁免条款或者恢复、修改、撤销决定之前，应当向限制性行为和垄断咨询委员会进行咨询。咨询委员会被《第1/2003号条例》保留（第14 条），并正式更名为"限制性行为和支配地位咨询委员会"。

咨询委员会的职能主要包括三项：一是在欧盟委员会和成员国竞争执法机构作出最终决定前提供咨询意见；二是当出现需要重新分配执法机构管辖权时，咨询委员会将构成一个讨论的平台；三是在欧盟委员会起草条例时，为其提供咨询。首先，欧盟委员会与成员国竞争执法机构均可以就其决定向咨询委员会提出咨询，差别在于对欧盟委员会来说咨询是具有强制性的，而成员国竞争执法机构是在自愿的基础上提出咨询申请。欧盟委员会在作出最终决定之前必须向咨询委员会提出咨询，并且应尽可能地将咨询委员会的意见纳入考量，将采纳意见的方式通报咨询委员会。而针对成员国竞争执法机构所处理的案件，欧盟委员会可以依职权或者依成员国竞争执法机构的申请将该案件列入咨询委员会的议程进行讨论。但即使是依职权列入，成员国竞争执法机构的意愿也应得到完全的尊重，否则欧盟委员会与成员国执法机构之间的信赖关系会被破坏。其次，咨询委员会同时也构成管辖重新分配的一个讨论平台，当欧盟委员会有意依据《第1/2003号条例》第11条第6款解除成员国竞争执法机构对特定案件的管辖权时，其可以将管辖权重新分配的问题提交咨询委员会讨论。[1]咨询委员会可以给予非正式的意见。最后，除了针对个别案件的咨询，欧盟委员会可就其制定的条例、通告和指南向咨询委员会进行咨询。

这种咨询可以通过听证会或书面形式进行。如果没有成员国反对，欧盟委员会可以通过向成员国发送咨询文件，并要求成员国在规定期限内提交书面意见进行咨询。但如果有成员国要求以听证会形式进行咨询，需召开咨询听证会。咨询委员会所作出的最终意见，在不侵害经营者商业秘密的基础上，可以与欧盟委员会的最终决定同时发布。

6. 听证官

听证官（Hearing Officer）的设立是为了保障涉案经营者的程序性权利。听证官并非欧盟委员会竞争总司的组成部分，其直接隶属于竞争专员，独立行使职能。听证官的主要职能包括：①负责组织和主持口头听证，保障当事人的听证权以及其在承诺与和解程序中的程序性权利；②对欧盟委员会调查阶段的特定事项进行处理，包括法律职业权利（legal professional privilege）、不自证其罪的权利、向经营者和经营者协会告知程序状况的权

---

[1] Commission Notice on cooperation within the Network of Competition Authorities, OJ C101/43, 27.4.2004, para 62. 成员国竞争执法机构的管辖权解除后，欧盟委员会将针对该案件自行启动调查程序。

利等；③保障被调查经营者的文件查阅权，以及保护其机密信息；④在听证结束后，最终决定作出前，向竞争专员就程序性权利是否被保障以及部分实体问题提交临时报告与最终报告；⑤在适当时就个案程序，向竞争专员提交意见。[1]

（五）其他欧盟机构在欧盟竞争法实施中的职责

1. 欧洲议会、理事会、欧盟理事会

欧洲议会（European Parliament）是欧盟法的主要立法机构之一，其主要负责"普通立法程序"（the ordinary legislative procedure），欧盟竞争法中的条例与指令都是通过普通立法程序得以制定。欧洲议会有两个委员会的职责范围涉及竞争政策和消费者福利方面的事项：一是经济与货币事务委员会，主要负责欧盟的经济与货币政策，其职责范围涉及国家援助制度；二是内部市场与消费者保护委员会，其主要职责是消除欧盟单一市场运行中的障碍，推动消费者保护。理事会（Council of the EU）与欧洲议会一样，也是欧盟法的主要立法机构。在竞争政策方面，理事会下设竞争力理事会（The Competitiveness Council, COMPET），旨在提高欧盟的竞争力，负责内部市场、产业、研究与创新以及航天四个政策领域。竞争力理事会通过定期举行的成员国部长会议，制定相关政策。在竞争政策方面，理事会的主要职责在于消除内部市场中商品、人员、资本和服务自由流动的障碍，将欧盟的产业政策横向融入其他欧盟政策中，改善欧盟的营商环境，特别是在保护中小企业方面，加强以科学、技术为基础的产业政策，培养欧盟的国际竞争力并且驱动经济增长、提高就业。欧盟理事会（European Council）作为定期的欧盟首脑会议，主要职责是确定欧盟的政策方向，欧盟理事会与欧洲议会有权任命欧盟委员会竞争总司专员。

2. 欧盟法院

欧盟法院是欧盟竞争法的主要司法审查机构，负责审理针对欧盟委员会最终决定的上诉，同时其也是欧盟条约的唯一解释机构。在司法审查方

---

〔1〕　"European Commission, Hearing Officers' mission-main tasks"，载 https://competition-policy. ec. europa. eu/hearing-officers/mission_ en，最后访问日期：2022 年 1 月 20 日。

面，欧盟法院主要分为两级，一审法院是欧盟普通法院（General Court），终审法院是法院（Court of Justice）[1]。在竞争案件中，自然人和法人可以就事实或法律问题对欧盟委员会的最终决定向欧盟普通法院提起上诉。该上诉裁决的二审由欧盟法院（Court of Justice）管辖。个体就欧盟机构的行为提起诉讼的权利来自《欧盟运行条约》第263条第4款，该条赋予了欧盟法院审查欧盟机构行为合法性的管辖权，由此任何自然人与法人均可就欧盟机构的行为向欧盟法院提起诉讼。

对条约的解释是通过初步裁决程序（preliminary ruling procedure）进行的，成员国在适用条约过程中产生疑问，可以向欧盟法院（Court of Justice）提起初步裁决程序，由欧盟法院进行解释。赋予欧盟法院对条约的独家解释权，有利于保障条约在欧盟范围内的一致适用，防止各成员国法院随意解释欧盟法。初步裁决的范围包含由欧盟法院对包括竞争法在内的欧盟法进行统一的解释，也包含由欧盟法院来确认欧盟机构所颁布法令的有效性。初步裁决程序的启动是基于成员国法院或法庭的主动提起，当成员国法院或法庭认为有必要将其在审判中遇到的争议提交欧盟法院进行初步裁决，其可以自行作出决定，无需经过案件当事人同意。同时，由于欧盟法院有权确认欧盟机构所颁布的法令无效，当成员国法院和法庭质疑欧盟机构颁布的某项法令的有效性时，必须将其提交欧盟法院进行初步裁决。成员国法院或法庭可以自行决定在何阶段提起初步裁决程序，但是其必须在掌握案件所有事实且在准确界定法律问题的前提下才能提起初步裁决。

3. 欧盟监察员

欧盟监察员（The European Ombudsman）由欧洲议会选举产生，其主要职责是对欧盟机构的行政失当进行调查和补救。欧盟监察员的职权来源于《欧盟运行条约》第228条第1款，其有权受理欧盟公民、在成员国居住或者设有注册办事处的自然人和法人对欧盟机构行政失当的投诉，并对行政失当进行调查和补救。为保障欧盟法院的司法审查权，欧盟监察员不

---

[1] 为方便表述，本书使用"欧盟法院"指代"法院"（Court of Justice），使用"欧盟普通法院"指代 General Court。

能受理针对欧盟法院的投诉。《欧洲良好行政行为准则》规定了良好的行政行为所应当遵循的原则，包括合法性、无歧视、比例原则、无滥用权力、公正且独立等原则。[1]若违背上述原则，就可能构成行政失当。在受理相关投诉后，欧盟监察员会针对该投诉开展调查，其可以要求有关欧盟机构或者成员国提供相关信息，并且在不受任何限制的情况下查阅相关文件，包括机密信息。一旦行政行为被认定为失当，欧盟监察员就可以通过一种柔性的手段，解决相关的纠纷。例如与有关欧盟机构合作，寻求一个"友好的解决方案"，以消除行政失当所带来的影响，或者在解决方案难以达成或者影响难以消除时，通过"批评意见"或者"建议草案"要求有关欧盟机构在限定时间内予以答复，避免未来类似的行为。

在竞争法领域，针对欧盟委员会在调查执法中的行政失当，相关的经营者或利害关系人均可向欧盟监察员进行举报。2007年，瑞安航空向欧盟监察员投诉，认为欧盟委员会违反了保护机密信息的义务，将其在Ryanair/Aer Lingus案中所获得的机密信息不当披露。欧盟监察员经过调查后认定，缺乏证据证明欧盟委员会不当地向新闻媒体披露了该案中的机密信息，但仍然要求欧盟委员会改进其与成员国竞争执法机构之间在机密信息交换程序中的保密措施。[2]2014年，在"智能芯片卡特尔"案中，欧盟监察员批评欧盟委员会推迟向德国企业Infineon提供涉案的关键证据，从而妨碍了Infineon行使辩护权。[3]2015年，举报人向欧盟监察员投诉称，欧盟委员会前竞争专员因个人利害关系而拒绝调查欧洲足球协会联盟（Union of European Football Assciations，UEFA）违反欧盟竞争法的行为，该案经欧盟监察员的调查，以并未发现行政失当为由结案。[4]

---

[1]　The European Code of Good Administrative Behaviour, Articles 4-24.

[2]　"Case 1342/2007/FOR"，载 https://www.ombudsman.europa.eu/en/decision/en/3972，最后访问日期：2021年12月20日。

[3]　"Case 1500/2014/FOR"，载 https://www.ombudsman.europa.eu/en/decision/en/58338，最后访问日期：2021年12月20日。

[4]　"Case 2086/2014/FOR"，载 https://www.ombudsman.europa.eu/en/decision/en/61468，最后访问日期：2021年12月20日。

4. 其他欧盟机构与竞争政策之间的关系

除了上述几个机构以外，还有部分欧盟机构的职责范围涉及竞争政策的实施。欧洲中央银行是欧洲单一货币的中央银行，在涉及金融部门的竞争事务时，欧盟委员会需要向欧洲中央银行进行咨询。欧洲审计院（European Court of Auditors）有权审计欧盟委员会对企业因反竞争行为而施加的罚款。欧洲社会与经济委员会（European Social and Economic Committee）是一个政策咨询机构，主要代表市民社会中的工会、雇主协会等，参与欧盟的政策制定，下设单一市场生产与消费部门（INT），负责竞争政策与消费者福利。

◇ 第二章 ◇

欧盟竞争法的公共执行制度

一、针对限制性协议和滥用支配地位的公共执行程序

（一）针对限制性协议和滥用支配地位的调查程序

1. 调查的启动

欧盟委员会可以依举报或依职权启动针对限制性协议和滥用支配地位的调查程序。任何人均可以向欧盟委员会进行举报，包括自然人、法人（包括经营者协会）和成员国。关于举报的相关制度依据存在于《第1/2003号条例》第7条第2款、《欧盟委员会关于依据欧共体条约第81和82条的欧盟委员会程序性行为的条例》（以下简称《第2015/1348号条例》）[1]第5条至第9条以及《欧盟委员会关于依据欧共体条约第81和82条欧盟委员会处理举报的通告》（以下简称《处理举报的通告》）[2]。

依据《第1/2003号条例》，提出举报的自然人和法人应当证明其对于被举报的行为拥有合法利益。"拥有合法利益"被解释为，举报人与涉案商品、涉案经营者在同一相关市场，或者行为对举报人利益产生了直接的不利影响。在这一解释之下，消费者协会、能够证明其合法利益受到损害

---

[1] Commission Regulation（EU）2015/1348 of 3 August 2015 amending Regulation（EC）No 773/2004 relating to the conduct of proceedings by the Commission pursuant to Articles 81 and 82 of the EC Treaty, OJ L 208/3, 5.8.2015. 《第2015/1348号条例》是对《第773/2004号条例》的修订。COMMISSION REGULATION（EC）No 773/2004 of 7 April 2004 relating to the conduct of proceedings by the Commission pursuant to Articles 81 and 82 of the EC Treaty, OJ L123/18, 27.4.2004.

[2] Commission Notice on the handling of complaints by the Commission under Articles 81 and 82 of the EC Treaty, OJ C 101/05, 2004.

的个体消费者均可以进行举报，公共机关因作为涉案商品的买方或者用户也可被视为拥有合法利益。举报人需要提供详细的身份说明，如果举报人是企业，应当说明其所在的集团公司及经营范围。同时举报人需要提供所举报的企业及其违法行为的信息和证据、其所期望欧盟委员会启动的程序类型以及该案在成员国的执行情况。如果举报信息中涉及需要保密的内容，举报人应当提供一份非保密的版本。欧盟委员会有义务保障举报人全程参与程序的权利，特别是在发出异议声明（statement of objection）之后，举报人有权参与口头听证并陈述意见，并针对异议声明提出书面意见。当欧盟委员会认为没有足够的理由开启调查时，应当通知举报人，并保障举报人查阅相关文件以及提出意见的权利。举报人对相关信息负有保密义务，查阅信息的目的仅限于保障自身的程序性权利，不能将此类信息用于其他用途。同时，举报人的意见对欧盟委员会是否采取后续调查活动没有约束力。如果举报人未能提出意见，举报将会被视为撤回。

此外，欧盟委员会还可以依职权开启调查程序，相关的证据线索可能来源于欧盟委员会竞争总司长期对市场的监控以及部门调查（sector inquiries）。对于欧盟委员会来说，部门调查是发现证据的重要途径之一。当跨成员国的交易趋势、价格刚性或其他指标显示市场竞争可能被扭曲，并且只有通过一个系统性的事实性调查才能厘清相关情况时，欧盟委员会就可以针对一个部门或者一类协议启动部门调查。在部门调查期间，欧盟委员会可以要求相关的经营者和经营者协会提供必要信息并进行必要的搜查。在部门调查结束后，欧盟委员会可以就调查结果发布报告，并邀请利害关系人提出意见。部门调查分为"界定部门—准备文件、调查问卷和潜在搜查—分析调查结果和意见"三个阶段。[1]在准备文件阶段，由欧盟委员会负责起草调查时间表和前期规划、准备问卷和搜查、任命外部专家、起草意见等。可用的调查工具除了查找公开的信息、购买数据，还包括询问相关人、搜查经营者的营业场所和调查问卷等。调查措施的选择应当符合比

---

〔1〕 European Commission, Antitrust Manual of Procedures: Internal DG Competition Working Documents on Procedures for the Application of Articles 101 and 102 TFEU, 2019, p. 78.

例原则，即措施是合理且必要的，需具备低度限制且负担较轻的特性。部门调查的内容可能包括涉及相关商品和地域市场的信息、现存供应商之间的竞争程度、对抗性的买方力量、潜在的竞争效果等。在欧盟委员会作出最终报告之后，其可根据部门调查所获得的线索针对个案开展调查，并最终作出违法认定与处罚。

2. 调查措施

《第 1/2003 号条例》第 18 条至第 21 条规定了欧盟委员会的调查权，包括要求信息的权力、接受陈述的权力与搜查的权力。第 22 条规定了成员国竞争执法机构协助调查的义务。

（1）欧盟委员会的调查措施

欧盟委员会的调查措施主要包括要求信息、接受陈述与搜查。为收集证据，欧盟委员会有权询问任何知情的自然人或法人，还可以依据《第 1/2003 号条例》第 12 条要求成员国竞争执法机构提供必要信息。根据《第 1/2003 号条例》第 22 条的规定，欧盟委员会可以通过简易请求或者决定的形式，要求经营者和经营者协会提供必要证据。如果经营者和经营者协会向欧盟委员会提供了错误的、不完全的或误导性的信息，或者拒绝提供信息，欧盟委员会可以对其施以不超过上一营业年度总销售额 1% 的罚款。[1]在提供信息方面，经营者有义务回答所有相关的事实问题，但是禁止欧盟委员会强迫经营者自证其罪。

事实上，《第 1/2003 号条例》第 19 条和第 20 条均规定了欧盟委员会对相关人员进行询问的调查措施。第 19 条所称的询问是在自愿的基础上进行的，被询问的自然人和法人可以在任何时候拒绝或中止询问；而第 20 条所规定的询问是在搜查期间，被询问的经营者的代表人和工作人员有义务回答问题，若提供不正确、不完整、误导性的信息或拒绝回答，则需承担法律责任。依据第 19 条进行的询问一般采取口头形式，被询问者可以请求他人陪同，包括律师陪同。欧盟委员会在询问之前应告知被询问人其程序

─────────
〔1〕 Regulation 1/2003, Article 23.

性权利，包括回答问题的法律后果。询问结束后，被询问人可以选择通过书面形式或者电子媒介记录询问过程，询问中获得的信息仅能用于后续程序，不能用于其他目的。如果这种询问发生在经营者的场所，欧盟委员会需要通知场所所在地成员国的竞争执法机构，该成员国竞争执法机构应提供必要协助。

欧盟委员会有权对经营者和经营者协会进行搜查，搜查的目标既包括实际的场所，也包括检查相关的账簿与记录。这里实际的场所包括经营者和经营者协会的任何场所、土地和交通工具，也包括存在证据的其他任何场所，诸如经营者和经营者协会的董事、经理和其他工作人员的住所、土地和交通工具。搜查权包括进入场所进行搜查、检查复制账簿和记录、查封营业场所及账簿记录、询问经营者或经营者协会的代表或工作人员。在搜查前，欧盟委员会应通知搜查所在地的成员国竞争执法机构，并咨询其意见。在欧盟委员会的要求下，成员国竞争执法机构的官员及其授权任命的人员应在搜查方面提供协助，并因此享有与欧盟委员会同等的搜查权力。如果这种协助需要得到该国国内司法机关授权，应当遵循国内程序进行授权。欧盟委员会的搜查措施要严格按照书面授权令来实施，授权令会明确搜查客体、搜查目的以及针对经营者提供错误或误导性信息的处罚。

（2）成员国竞争执法机构的协助调查

一般来说，成员国应制定程序性规则以保障其竞争执法机构能够适用欧盟竞争法。《第1/2003号条例》并未对成员国竞争执法机构的调查权进行过多规定，仅第22条规定了成员国竞争执法机构协助调查的义务，即在必要时成员国竞争执法机构需协助欧盟委员会或其他成员国竞争执法机构在本国境内开展调查。在欧盟委员会的要求下，成员国竞争执法机构可以在其境内进行搜查或检查，具体的搜查、检查程序由成员国通过国内法进行规定。一个成员国竞争执法机构也可以代表另一成员国竞争执法机构在本国境内进行搜查或采取其他调查措施。相反，欧盟委员会也同样应向成员国竞争执法机构提供必要的协助。

3. 异议声明与听证

异议声明（statement of objection）是欧盟委员会为作出最终决定所作

的一个程序性准备措施，目的是在欧盟委员会计划对被调查经营者作出不利决定时，通知案件各方当事人，以保障各方当事人能够充分行使抗辩权。异议声明通常在案件调查结束后由总秘书处单独发送给被调查经营者和经营者协会、举报人和其他具有利害关系的第三方。如果案件是基于举报而启动的调查程序，欧盟委员会应当将异议声明的非保密版本发送给举报人，以保障举报人表达意见的权利。如果第三方能够证明其对于案件具有足够的利害关系并要求参与听证，欧盟委员会可以向其发送异议声明的非保密版本。此外，异议声明还应当被发送给所有成员国竞争执法机构，并在特定情况下发送给欧洲自由贸易协会监督局（EFTA Surveillance Authority）以及非欧盟成员国竞争执法机构。异议声明中应当包含欧盟委员会拟采取的最终决定以及所依据的事实和证据。如果在发布异议声明后发现新的案件事实，调查程序会被延长，为此欧盟委员会需要发布一个补充的异议声明或者事实信函。欧盟委员会应当在异议声明中明确各方陈述意见的最后期限。各方当事人在收到异议声明后，可通过书面形式进行意见陈述与辩护，并申请参加口头听证。若当事人回复的信息足以反驳异议声明，欧盟委员会可以撤销异议声明。

为保障被调查经营者的辩护权，收到异议声明的经营者和经营者协会有查阅信息和参与听证的权利。所查阅的文件范围包括竞争总司在调查期间获得、制作和汇总的所有促使其作出异议声明的文件，但欧盟委员会及成员国竞争执法机构的内部文件（如双方的通信）以及包含商业秘密在内的保密文件通常不允许被查阅。经被调查经营者和经营者协会申请，欧盟委员会应当给予其通过口头听证进行辩护的机会。听证会由听证官组织，以不公开的形式进行。只有在收到异议声明的经营者和经营者协会提出申请的情况下，才可以举行听证。举报人和具有利害关系的第三方无权申请举行听证，但其有权在听证会中发表意见。竞争总司负责调查案件的工作人员以及其他官员组成"案件组"参与听证会。另外，听证官还可以邀请成员国竞争执法机构以及欧洲自由贸易协会监督局的工作人员参与听证。听证会一般在案件当事人答复异议声明之后的 6 至 8 周内举行。欧盟委员会最终决定应基于听证会中各方的意见而作出。

（二）针对限制性协议与滥用支配地位的认定与处罚决定

欧盟委员会对限制性协议与滥用支配地位认定与处罚权分别被规定在《第1/2003号条例》第三章"欧盟委员会的决定"与第六章"处罚"中，其中第三章第7条"认定并终止违法行为"、第8条"临时性措施"、第9条"承诺"以及第10条"不适用决定"，第六章第23条"罚款"以及第24条"定期罚款"。此外，在执行中宽大与和解两项程序性工具也会对罚款的数额产生影响。

1. 认定并终止违法行为

针对违反《欧盟运行条约》第101条和第102条的行为以及针对其他违反程序性规则的行为，欧盟委员会可以作出五项决定，分别是认定并终止违法行为、临时性措施、承诺决定、认定不适用欧盟竞争法和罚款。上述五项决定分别规定在《第1/2003号条例》第7条至第10条以及第23条至第24条，其中第7条为"认定并终止违法行为"条款，或称为"禁止决定"（prohibition decision）。针对违反《欧盟运行条约》第101条和第102条的行为，欧盟委员会可以认定经营者或经营者协会行为违法，并要求其停止违法行为。为此，经营者或经营者协会需要采取一切符合比例原则的行为性或结构性救济措施，在事实上终止违法行为。相比结构性救济，行为性救济具有优先性，只有在不存在同等有效的行为性救济或者行为性救济对经营者或经营者协会构成沉重负担时，才会采用结构性救济。

在程序上，欧盟委员会作出一项禁止决定需要经过起草阶段、通过阶段以及通过后的阶段。在听证结束后，欧盟委员会可以在一定时间段内起草禁止决定，起草版本会被发送咨询委员会以征求意见。在通过一项禁止决定之前，欧盟委员会必须与咨询委员会协商，若最终决定不包括罚款，只需举行一次会议；但是若最终决定包括罚款，通常需要举行两次会议，第一次会议讨论案件实质，第二次会议讨论罚款数额。当禁止决定通过后，欧盟委员会将会通知当事人和相关成员国竞争执法机构，并将其公布。

2. 临时性措施

在紧急情况下，欧盟委员会可以采取临时性措施，以防止对竞争造成严重和不可修复的损害。欧盟普通法院曾经指明，违法行为只要构成初步违法就可以实施临时性措施。[1]临时性措施意味着该措施仅限于在一定时间内被实施，仅在必要且适当时才予以延长。在认定紧急情况时，必须基于个案进行考量，分析行为是否会导致严重且不可修复的损害，其中"不可修复"意味着即使未来欧盟委员会作出处罚决定或者欧盟法院、成员国法院作出裁决也无法修复当前行为所导致的损害。行为对市场结构的改变有可能造成不可修复的损害，而单纯的经济损失不会被认定为"不可修复"，除非该违法行为导致经营者无法再继续经营下去。欧盟委员会曾经将"节假日游船运营"以及"基于季节销售冰激凌"认定为紧急情况。[2]这种临时性措施只能由欧盟委员会依职权主动采取，并且仅基于一个初步的认定即可作出。临时性措施不能因当事人的申请而作出，这是源于临时性措施的主要目的是保护公共利益，而非私人利益，欧盟委员会只有在公共利益受到损害之时才可以采取临时性措施。

最早在 Camera Care 案（1980 年）中，欧盟法院将《第 17/62 号条例》第 3 条第 1 款所规定的"欧盟委员会有权认定经营者或经营者协会的行为违法，并要求其终止违法行为"解释为欧盟委员会拥有采取临时性措施的权力，"由欧盟委员会依据第 3 条第 1 款判定是否存在采取临时性措施的理由"。[3]在该案中，欧盟法院同时解释了临时性措施的适用条件，包括：①该临时性措施对于未来能够有效实施禁止决定是必不可少的；②措施必须是紧急的，目的是避免未来可能导致申请人严重且不可修复的损害，或者对于公共利益是不可容忍的；③临时性措施必须具有临时性和保存性，并且限于既定情况之下；④该措施受到欧盟法院司法审查的约束。[4]除此

---

〔1〕 T-44/90, La Cinq SA [1992] ECR II-1, para 60.

〔2〕 AT. 35388 - Irish Continental Group v./CCI Morlaix（Roscoff）. Case IV/34.072, Mars/Langnese-Iglo and Schoeller Lebensmittel, OJ 1993 L 183/19.

〔3〕 Case 792/79 R Camera Care [1980] ECR 119, paras 18-19.

〔4〕 Case 792/79 R Camera Care [1980] ECR 119, paras 12-21. European Commission, Antitrust Manual of Procedures: Internal DG Competition Working Documents on Procedures for the Application of Articles 101 and 102 TFEU, 2019, p. 202.

之外，欧盟委员会还可以在国家援助审查中采取临时性措施。

3. 不适用决定

欧盟委员会可以根据《欧盟运行条约》第101条和第102条所涉及的"共同体公共利益"（Community public interest），依职权主动作出行为不适用欧盟竞争法的决定（Finding of inapplicability）。《第1/2003号条例》第10条规定，"若与条约第81条和第82条的适用有关的共同体公共利益要求，欧盟委员会可主动作出决定，认定条约第81条不适用于一项协议、经营者协会的决定或者协同行为，只要条约第81条第1款的条件未能满足，或者条约第81条第3款的条件得到满足。欧盟委员会同样也可以参照条约第82条做出这样的结论"。不适用决定可以基于限制性协议不构成违法（不满足第101条第1款）或者协议符合豁免条件（满足第101条第3款）而作出，也可以针对不适用第102条的行为作出不适用决定。不适用决定只能由欧盟委员会作出，并且只能由欧盟委员会依职权作出，其目的是保障不同成员国法院或竞争执法机构对欧盟竞争法的一致适用。

所谓"共同体公共利益"是在欧盟竞争法的价值目标下进行认定的，即保障共同市场内的自由竞争，使消费者和整个经济受益。所谓"公共利益"是区别于企业个体的"私人利益"的，企业或者个人的"私人利益"不足以促使欧盟委员会作出"不适用决定"。在程序上，欧盟委员会拟作出不适用决定之前，需要首先通知相关经营者和成员国竞争执法机构，并将案件的大概信息公开发布，以供利害关系人提出意见。在起草不适用决定后，需向经营者和咨询委员会征求意见。

4. 承诺制度

《第1/2003号条例》第9条为"承诺"条款，当欧盟委员会打算采取一项决定，要求经营者终止违法行为，而经营者提出承诺以满足欧盟委员会在初步评估中所表达的竞争关切时，欧盟委员会可以通过承诺约束经营者。承诺决定仅在特定时期内适用，一旦执法基础不再存在，承诺决定也会被终止。第9条第2款对恢复调查的条件进行了列举，出现下列情形，欧盟委员会可以依申请或者依职权重启调查：①承诺决定作出所依据的事实发生一个实质性的变化；②相关经营者违背承诺；③承诺决定是基于当事人所提供的不完整、不正确或者误导性的信息作出的。

承诺决定的作出需要经过"开启承诺讨论—准备初步评估—通过初步评估—提交承诺文本以供市场测试—进行市场测试—通过承诺决定—执行承诺决定"一系列阶段。在开启承诺讨论阶段，经营者可以随时联系竞争总司商谈关于适用承诺程序的问题，双方会为此召开会议针对适用承诺的细节性问题进行商谈，由经营者向欧盟委员会提出承诺申请。一旦欧盟委员会收到经营者所提出的承诺申请，需要通过书面文件通知所有相关经营者，这份文件被称为初步评估文件。初步评估文件是作出承诺决定的基础，其包含案件的基本情况以及相关的竞争问题。经营者在收到初步评估文件后，需要在1个月内予以回应，并提供一个承诺计划以供市场测试。

在市场测试阶段，由欧盟委员会公开发布案件的简要概况以及承诺计划，第三人可以针对承诺计划提出意见。如果这个案件是基于举报而开始调查的，上述信息也会被发送给举报人以供其提出意见。市场测试事实上是在适用承诺之前给予举报人、其他利害关系人以意见陈述与权利救济的机会。市场测试的结果会被口头或书面通知经营者，但是对提出意见的第三人的身份会予以保密。市场测试的结果并不能直接决定欧盟委员会是否会作出承诺决定，在是否作出承诺决定方面，欧盟委员会拥有独家的自由裁量权。市场测试的结果仅供欧盟委员会参考，为进一步与经营者针对承诺内容进行商谈并修改承诺计划提供建议。

欧盟委员会将在初步评估文件的基础上作出最终的承诺决定，咨询委员会可以在这一过程中提出意见。如果有涉及举报的案件，承诺决定也会被发送给举报人。在最终的承诺执行阶段，如何对经营者进行监控取决于承诺事项的性质，如果涉及剥离性救济，承诺决定通过后，履行承诺的经营者可以建立一个托管人。托管人独立于该经营者，并且具备监管的资质。经欧盟委员会同意后，该托管人可以对经营者是否履行承诺进行监管，欧盟委员会也会对这一过程进行监督，并保持与托管人的联系，以保证承诺的有效履行。

5. 罚款与定期罚款

（1）罚款的种类与程序

欧盟竞争法中关于罚款的规定体现在《第1/2003号条例》第23条"罚款"条款和第24条"定期罚款"条款以及欧盟委员会所制定的《依据第1/2003号条例第23条第2款a项关于确定所施加罚款的方法的指南》（以下简称《罚款指南》）[1]中。首先，依据第23条，被罚款的对象包括经营者和经营者协会，两者在主观上需表现为故意或者过失，而应当受到处罚的情形包括：①经营者或经营者协会妨碍执法；②经营者或经营者协会采取了违反《欧盟运行条约》第101条和第102条的限制性协议和滥用支配地位的行为；③经营者或经营者协会违反欧盟委员会先前所采取的临时性措施；④经营者或经营者协会违背承诺决定。其中妨碍执法的表现形式包括在调查过程中提供不正确或误导性的信息、未在规定时间内提供信息、以不完整的形式出示业务账簿或其他记录以及破坏对营业场所或相关证据的查封。

罚款的数额是基于违法行为的严重程度和持续期来确定的。欧盟竞争法为罚款设定了上限，即所谓的"天花板"，以避免因罚款数额过高，经营者无力承担而破产。对妨碍执法的罚款上限设定为上一营业年度总营业额的1%，而对于后三项应受处罚情形的罚款上限设定为上一营业年度总营业额的10%。在罚款上限的设定方面，欧盟竞争法并未对经营者和经营者协会进行区分，只是补充规定当协会的违法行为涉及成员，罚款数额不得超过在受影响的市场上经营的每个成员的总营业额的10%。另外，如果协会无能力支付，协会有权利和义务要求协会成员支付，欧盟委员会也可以因协会未能在固定时限内支付罚款，要求承担主要责任的成员支付罚款。但是，没有执行协会决议、没有意识到违法行为的存在或者主动背离违法行为的经营者不会被要求支付协会的罚款。

其次，除了上述罚款以外，欧盟竞争法还设立了定期罚款。定期罚款

---

〔1〕 Guidelines on the method of setting fines imposed pursuant to Article 23 (2) (a) of Regulation No 1/2003, OJ C 210/02, 2006.

的目的是强制经营者或经营者协会遵守法律、临时性措施、承诺决定，或者是要求其配合欧盟委员会的搜查措施。定期罚款的数额以日为标准计算，每日所支付的数额不超过经营者或经营者协会上一营业年度平均日营业额的5%，自欧盟委员会指定之日起开始实施。定期罚款的实施分为两个阶段，第一阶段是欧盟委员会设定一个临时性的日罚款数额并且指定一个起止时间，第二阶段是确定最终数额。当经营者或经营者协会履行了上述义务，欧盟委员会可依申请或依职权适当降低定期罚款的数额。

欧盟竞争法对罚款的实施也制定了有效期限，即罚款的"时效规定"，欧盟委员会仅在有效期限内可以处以并执行罚款和定期罚款，以保障竞争法及时有效实施。在合理期限内作出并执行罚款，一方面有助于违法行为受到及时惩罚，另一方面也保障了被处罚经营者和经营者协会的合法权益，避免罚款被欧盟委员会滥用。《第1/2003号条例》第25条和第26条分别规定了作出、执行罚款和定期罚款的有效期限。欧盟委员会作出罚款和定期罚款的有效期限为：①涉及违反提供信息或搜查要求时为3年；②涉及其他违法行为时为5年。有效期限从违法行为发生之日起开始计算，对于持续或重复发生的违法行为，有效期限从违法行为终止之日起开始计算。在欧盟委员会或成员国执法机构调查期间，有效期限会中断，中断期限自欧盟委员会或成员国执法机构采取行动并通知至少一个经营者或经营者协会之日起开始计算。中断会导致有效期限重新计算。如果在中断后欧盟委员会还是没有处以罚款或定期罚款，有效期限最迟会在两倍期满之日届满。如果因欧盟法院的程序而导致欧盟委员会中止处以罚款或定期罚款，则有效期限同时中止。欧盟委员会执行罚款和定期罚款的有效期限为5年，自处罚决定作出之日起开始计算。实施罚款的有效期限中断同时可能发生在当需要变更罚款或定期罚款的数额，或者在欧盟委员会的要求下由其自身或成员国开始执行罚款或定期罚款。中断会导致有效期限重新计算。

（2）罚款的计算方法

对违反《欧盟竞争法》第101条和第102条的经营者以及经营者协

会，欧盟委员会基于《第 1/2003 号条例》实施罚款。根据该条例第 23 条第 2 款第 2 段、第 3 段的规定，罚款的上限为上一年度销售额的 10%。第 3 款进而规定，欧盟委员会应当以"违法行为的严重性和持续时间"来决定罚款的数额。实践中，欧盟委员会在决定罚款数额时拥有较大的自由裁量权。

欧盟委员会发布的《罚款指南》规定了罚款的具体计算方法，包括两个步骤：第一步是根据产品销售价值确定罚款的基本数额，同时考虑行为的违法性和持续时间；第二步是依据加重或减轻条件、威慑效果等因素对基本数额进行调整。欧盟委员会在指南中明确要求，罚款数额不仅要反映违法行为的严重性，并且要达到能够有效惩罚违法者的目的，此外还应当考虑其是否能够产生足够的威慑效果。具体来说，首先，罚款的基本数额由产品销售价值的百分比（该百分比由违法行为的严重性决定，通常取 0~30%）乘以违法行为的持续时间来进行计算。在确定销售价值时，地域范围仅限于欧洲经济区（EEA）。欧盟委员会会采用经营者在欧洲经济区相关地域市场内直接或间接涉及违法行为的商品或服务销售的价值。如果范围超过欧洲经济区，每一个经营者的销售份额将会在其真实的地域范围内加以评估，并且会依照 EEA 的销售情况作出调整。通常以经营者实施违法行为的最后一个完整营业年度内的销售额进行计算，以税前销售额进行确定。如果经营者协会的违法行为涉及其成员，销售价值通常相当于其成员销售价值的总和。

对违法行为严重性的考量是通过销售价值的百分比实现的（通常为 0~30%）。欧盟委员会会在个案的基础上，综合考量案件的整体情况，包括违法行为的性质、所有相关企业的综合市场份额、违法行为的地域范围以及违法行为是否已经实施。通常情况下，横向的固定价格、分割市场以及限制产出构成违法程度最为严重的行为，欧盟委员会会从中选择一个较高的百分比。此外，违法行为的持续时间也会被纳入考量，通过销售价值×百分比×参与违法行为的年数进行计算。少于 6 个月的时间将会计算为半年，超过 6 个月但不足 1 年的将会被计算为 1 年。针对核心卡特尔，欧盟委员会还会增加 15%~20% 的相关销售价值（作为入门费）。

第二步是针对基本数额的调整，所需要考量的因素包括加重因素、减轻因素、因威慑而特别增加罚款、罚款上限（"天花板"）、宽大和无力支付。加重因素包括累犯、拒绝合作、阻挠调查、在违法行为中担任领导者或教唆者、胁迫他人参与违法以及为执行违法行为而惩罚其他企业。减轻因素包括及时终止违法行为（不适用于卡特尔）、违法行为是由疏忽大意造成的、实际参与违法的时间较短、与欧盟委员会进行有效合作（非宽大程序）、该违法行为得到公共机关或法律的授权。减轻因素应当由被调查的经营者主动举证证明。为确保罚款具有足够的威慑效果，针对销售额特别大的、超出与违法行为有关的商品或服务销售额的收入，欧盟委员会还可以适当地提高罚款。但罚款数额不能超过企业或企业集团上一营业年度总营业额的 10%。最终，欧盟委员会还会根据企业在特定社会与经济条件下的支付能力，对罚款的数额进行调整，以免因罚款过高危害到企业的经济生存能力。

6. 宽大程序

关于宽大程序的实施，主要的依据是《欧盟委员会关于卡特尔案件中罚款豁免和罚款减轻的通告》（以下简称《宽大通告》）。[1]

（1）宽大程序的适用条件

首先，宽大程序仅适用于横向协议，《宽大通告》将横向协议解释为，两个或者多个竞争者之间达成的协议和/或协同行为，目的在于协调他们在市场上的竞争行为和/或影响竞争的相关参数，主要表现为固定购买或销售价格或其他交易条件、分配生产或销售配额、串通投标在内的分割市场、限制进出口和/或其他反竞争行为。[2]将宽大程序的适用范围限定在横向协议，主要是基于横向协议的隐蔽性，对横向协议的侦查和调查都是

---

　〔1〕　Commmission Notice on Immunity from Fines and Reduction of Fines in Cartel Cases, OJ C298/11, 2006.

　〔2〕　Commmission Notice on Immunity from Fines and Reduction of Fines in Cartel Cases, OJ C298/11, 2006, para 1.

困难的。

其次，《宽大通告》分别规定了适用罚款免除或减轻的条件。在罚款免除方面，只有第一个提供相关证据和信息的经营者能够获得罚款免除，且所提供的证据能够使欧盟委员会开启一项调查或者认定一项横向协议违法。获得罚款免除必须要满足两个要件：一是经营者在提供信息时，欧盟委员会未拥有足够的证据认定违法；二是没有其他经营者获得罚款免除。如果欧盟委员会已经拥有足够的证据，其不会再授予罚款免除。为获得罚款免除，经营者应当向欧盟委员会提交宽大合作声明和其他证据。宽大声明主要包含横向协议的细节性描述、经营者的名称和地址、所有参与违法行为的个人的姓名、地址以及国内竞争机构的执法情况等内容。经营者必须真实、全面、持续地与欧盟委员会开展合作。合作必须贯穿整个调查程序过程，从递交申请之日起直至调查结束。在提供证据、对询问作出答复、对调查信息保密等方面，经营者都负有合作义务。

如果经营者无法获得罚款的免除，其仍然拥有获得罚款减轻的机会，为此经营者必须向欧盟委员会提供具有"重要附加价值"的证据，这种"重要附加价值"是相对于欧盟委员会所持有的证据而言，能够使欧盟委员会所提供的证据产生重大的增值。《宽大通告》将"附加价值"限定为，经营者所提供的证据以其本身的性质和/或详细程度，使欧盟委员会认定违法行为的能力被强化。[1]《宽大通告》并未明确指出哪些证据构成具有"重要附加价值"的证据，而是以举例的方式表示，违法行为发生期间的书面证据的证明力要强于后续出现的证据，直接证据的证明力要强于间接证据。

最后，与美国反托拉斯法宽大程序"禁止横向协议的领导者获得罚款免除"类似，欧盟《宽大通告》将两种情形列为禁止获得罚款免除的情况：一是强迫其他经营者参与横向协议，二是在调查开始后仍然未退出横向协议。上述经营者虽然没有资格获得罚款免除，但是仍然可以获得罚款

---

〔1〕 Commmission Notice on Immunity from Fines and Reduction of Fines in Cartel Cases, OJ C298/11, 2006, para 25.

的减轻。

（2）宽大程序的适用

宽大由经营者主动提出申请，经营者可提出正式申请，也可以先申请一个顺位。获得顺位的经营者只有在指定期限内提供相应信息与证据，才能获得罚款的免除，即完成正式的申请，否则经营者的顺位将被取消。此外，经营者还需要告知欧盟委员会，其当前和未来可能在其他竞争执法机构获得宽大的情况，以便欧盟委员会准确考量授予其罚款免除或减轻的合理性。对于何为正式申请，《宽大通告》为经营者提供了两个选项：①经营者可以选择向欧盟委员会提供所有涉及横向协议的信息和证据，包括宽大声明；或者②经营者可以选择先向欧盟委员会提供一个详细的证据清单，之后再提供正式的证据。证据清单必须准确地反映横向协议的性质和内容，包含横向协议所涉及的商品或服务、地域范围以及大概的持续期间等信息，但是可以暂时对相关经营者的信息进行保密。如果经营者无法获得罚款的免除，欧盟委员会将会书面通知该经营者，此时经营者有权撤回其为获得罚款免除而提供的证据，或者要求欧盟委员会按照罚款减轻的标准对其证据进行审核。在欧盟委员会作出罚款免除决定之前，其不会审查其他申请罚款免除的经营者的情况。

为保证宽大程序的有效性，《宽大通告》制定了较为严格的查阅证据规定，其中尤其重视对宽大声明的保护。宽大声明是经营者依据《宽大通告》向欧盟委员会自愿提供的，其中包含经营者对横向协议的承认以及其在横向协议中的角色。经营者可以选择口头或书面作出宽大声明，以口头形式作出的，欧盟委员会应当予以记录。宽大声明仅可允许收到异议声明的经营者查阅，且不允许其作任何复制，并且所查阅的信息仅可用于后续的上诉程序，不得用于其他用途。此外，为鼓励经营者主动适用宽大程序，欧盟委员会为经营者提供了一个线上申请宽大程序的工具"eLeniency"，以减轻经营者在申请宽大时所面临的程序性负担。

（3）罚款减免的比例

《宽大通告》规定，只有第一个提供相关证据和信息的经营者能够获得罚款的免除，对于之后提供证据的经营者仅能获得罚款的减轻。为了鼓励经营者积极提供证据，欧盟《宽大通告》规定了一个阶梯式的罚款减轻比例：对于第一个提供"重要附加价值"的经营者可以减轻 30%～50% 的罚款；对于第二个提供"重要附加价值"的经营者可以减轻 20%～30% 的罚款；之后的经营者只能获得不高于 20% 的罚款减轻。在决定经营者的次序方面，提供证据的时间先后以及这些证据所具有的附加价值程度是考量因素。另外，欧盟委员会在罚款设定方面会给予提供"重要附加价值"的经营者一定的优待。当具有"重要附加价值"的证据有助于欧盟委员会提高对违法行为的严重性和持续期的认定，欧盟委员会在认定该经营者的罚款时不会将此类证据纳入考量。

7. 和解程序

欧盟竞争法于 2008 年引入和解程序，并发布《欧盟委员会关于在卡特尔案件中依据第 1/2003 号条例第 7 条和第 23 条采取决定的和解程序的行为的通告》（以下简称《和解通告》）。[1] 和解程序是指经营者承认其从事了违法的横向协议，并就协议的事实和性质与欧盟委员会达成"共识"。一旦和解成功，当事人可被减轻 10% 的罚款。

和解程序有助于提高针对横向协议的执法效率，使欧盟委员会能够在较短时间以较少的资源解决更多的案件。和解程序与宽大程序存在共同点，也存在区别，两者均适用于横向协议，区别在于和解的直接目的是提高程序的效率，而宽大程序是为了收集证据认定行为违法。和解程序和宽大程序可以独立适用，也可以同时适用，当经营者既能够满足和解程序的适用条件，又能够满足宽大程序的适用条件，对罚款的减免可以累加适用。

和解程序由"启动—和解讨论—提交和解意见—异议声明及答复—和解决定的作出"五个阶段组成。欧盟委员会在决定哪些案件可以适用和解

---

〔1〕 Commission Notice on the conduct of settlement procedures in view of the adoption of Decisions pursuant to Article 7 and Article 23 of Council Regulation (EC) No 1/2003 in cartel cases, O J C167/1, 2.7.2008.

程序上具有较大的裁量权。在欧盟委员会认定横向协议违法并决定对经营者实施罚款之后，发出异议声明之前，可以考量是否启动和解程序。和解程序的启动需要征求参与和解的各方当事人的意见，各方需以书面声明形式表达其参与和解的意愿。这一书面声明不具有自认其罪的效果。在和解讨论阶段，竞争总司与和解候选人之间会通过双边会谈对和解内容达成一致。欧盟委员会有权决定双边会谈的适当性与速度，包括决定讨论内容的顺序以及信息的披露时间。对指控事实、违法协议的严重性和持续时间、责任归属、罚款的估算数额等信息进行披露有助于各方有效地进行和解讨论，保障当事人的知情权。在和解讨论结束后，需要和解候选人正式提出和解申请（和解意见）。欧盟委员会也会在此阶段作出异议声明，并送达当事人以供其提出意见。最终的和解决定是在适当考虑当事人意见的基础上作出的。在和解程序启动后，当事各方需要对和解程序保密，不得向任何第三方披露和解的内容以及通告和解所获得的信息。

（三）针对最终决定的上诉程序

针对欧盟委员会最终决定的上诉，一审程序由欧盟普通法院管辖，欧盟法院（Court of Justice）是二审法院。《欧盟运行条约》第 263 条赋予了欧盟法院以权力，通过无效之诉确认欧盟机构的决定无效。有权提起上诉的主体为成员国及具有直接利害关系的自然人和法人，在欧盟竞争法中后者通常是被调查的经营者和经营者协会，以及其他受到欧盟委员会最终决定直接影响的个体（如竞争者）。虽然竞争者并不是最终决定所指向的对象，但是其在调查过程中参与了听证，并提出了意见，也可被视为受到最终决定直接影响的个体。《第 1/2003 号条例》第 31 条规定，针对欧盟委员会的罚款决定，欧盟法院有不受限制的司法审查权，欧盟法院有权撤销、减少或增加罚款和定期罚款。针对成员国竞争执法机构最终决定的上诉，由成员国法院进行管辖，适用成员国程序法。针对上诉程序中的欧盟竞争法适用问题，由成员国法院提请欧盟法院予以解释（初步裁决程序）。

二、经营者集中审查程序

欧盟经营者集中审查最主要的制度依据是《欧盟合并条例》，其中规定了包括申报标准、集中控制标准、审查所考量的因素、营业额的计算等实体规则，也规定了较为详尽的程序性规则，诸如欧盟委员会的职权、欧盟委员会与成员国竞争执法机构之间的案件移交、审查期限等规定。为保障《欧盟合并条例》的实施，欧盟委员会于 1990 年制定了《关于实施经营者集中控制的理事会第 139/2004 号条例的欧盟委员会第 802/2004 号条例》（以下简称《集中控制实施条例》）[1]，随后多次对该条例进行了修订。《集中控制实施条例》主要是对欧盟经营者集中的程序性规则进行了细化。此外，欧盟委员会还颁布了一系列解释性的通告与指南，诸如《简易程序通告》[2]与《非横向集中指南》[3]等。

欧盟委员会对共同体层面的经营者集中拥有独家的事前审查权，凡符合《欧盟合并条例》第 1 条所规定的"共同体层面的经营者集中"均需要向欧盟委员会进行事前申报。第 1 条为共同体层面的经营者集中设定了营业额门槛，如果低于第 1 条所设定的营业额门槛，成员国竞争执法机构可以依据本国竞争法进行经营者集中审查。该条将"共同体层面的经营者集中"描述为，所有相关经营者的全球营业额累计超过 50 亿欧元，并且至少两个经营者在共同体内的营业额累计超过 2 亿 5 千万欧元。[4]但是，若经营者的营业额主要来源于单一成员国，则不构成"共同体层面的经营者集中"。《欧盟合并条例》规定若每个有关的经营者在同一成员国获得其全共同体范围内 2/3 以上的总营业额，则该集中不构成"共同体层面的经营

---

[1] Commission Regulation (EC) No 802/2004 of 7 April 2004 implementing Council Regulation (EC) No 139/2004 on the control of concentrations between undertakings, Official Journal L 133, 30.04.2004.

[2] Commission Notice of 5 December 2013 on a simplified procedure for treatment of certain concentrations under Council Regulation (EC) No 139/2004, Official Journal C 366, 14.12.2013.

[3] Guidelines on the assessment of non-horizontal mergers under the Council Regulation on the control of concentrations between undertakings, Official Journal C 265 of 18/10/2008.

[4] COUNCIL REGULATION (EC) No 139/2004 of 20 January 2004 on the control of concentrations between undertakings (the EC Merger Regulation), OJ L 24/1, 29.1.2004, Article 1 (2).《欧盟合并条例》第 1 条第 3 款规定了"共同体层面的经营者集中"的例外情形。

者集中"。[1]此外，欧盟委员会也可以审查由成员国向其提交的经营者集中案件。在特定情况下，欧盟委员会可以将其管辖的案件移交成员国竞争执法机构进行审查。

负有申报义务的经营者在签订协议或者宣布公开要约收购、获得控制利益之后，实施集中之前，应当向欧盟委员会进行集中申报。如果涉及合并的情况，即两家或两家以上独立的经营者之间的完全合并或部分合并，参与合并的各方应共同向欧盟委员会进行申报。如果涉及取得共同控制权，即通过购买股权、资产或合同的方式获得直接或间接控制权，获得共同控制权的各方均应向欧盟委员会进行申报。在其他情况下，由获得某一企业或多个企业全部或部分控制权的个人或企业向欧盟委员会进行申报。

集中审查程序包括简易程序与普通程序。对于符合简易程序的集中案件，欧盟委员会从申报之日起25日内以简短的决定允许实施集中。简易程序可以被分为"申报前商谈—发布申报事实—作出简易决定—发布简易决定"四个阶段。在申报前，鼓励申报人与欧盟委员会通过提前商谈，确定申报中所需的信息。申报前商谈并非强制性前置程序，是基于申报人自愿进行的非正式接触，有助于提高后续程序的效率。欧盟委员会在收到正式的申报后，应在《欧盟官方公报》上公布相关信息，包括集中各方的名称、经营者所属国、集中的性质、涉及的经济部门以及符合简易程序的条款等，以供相关企业提出意见。如果委员会确定该集中申报符合简易程序的要求，应当在申报之日起25个工作日内宣布其与欧盟内部市场相兼容，并以简易决定的形式发布。在作出简易决定之前，欧盟委员会仍可将申报转为普通程序。

普通程序一般分为两个阶段调查，在经营者提出申报之后，欧盟委员会需在25个工作日内进行第一阶段调查。第一阶段调查的最终结果可能为：①集中以无条件或附限制性条件的方式通过；②集中可能引发竞争关切，应对其开启第二阶段调查。90%的案件会在第一阶段被允许实施

---

〔1〕　COUNCIL REGULATION (EC) No 139/2004 of 20 January 2004 on the control of concentrations between undertakings (the EC Merger Regulation), OJ L 24/1, 29.1.2004, Article 1 (2).

集中。[1]第二阶段调查是对集中案件的竞争效果进行深入审查，一般会持续90个工作日。在特殊情况下，可以延长15至20个工作日。第二阶段的调查最终可能会得出以下结论：①无条件通过集中；②允许集中，但附加限制性条件；③在缺乏足够的限制性条件时，禁止集中。

申报人在申报集中时应提供完整、正确的信息，欧盟委员会可书面要求申报人对不完整的信息进行补充。申报后，申报人明知或应知申报中所载事实发生重大变化，或者出现新的信息，应当及时通知欧盟委员会。欧盟委员会可以酌情考虑将收到上述新信息之日定为申报生效之日。

从调查措施上来说，首先，欧盟委员会可以从成员国竞争执法机构、申报人和第三方处获得所需的信息。欧盟委员会可以通过口头、电话或其他电子方式询问知情人，以获取信息。如果询问并非在欧盟委员会的办公地点或者并非通过电话、其他电子方式进行，欧盟委员会需提前通知其他成员国竞争执法机构，该成员国竞争执法机构应提供必要协助。其次，欧盟委员会可以对经营者和经营者协会进行必要的搜查，具体的搜查措施与《第1/2003号条例》中的搜查权规定一致，包括可以进入经营者或经营者协会的场所、土地和交通工具，查阅复制账簿及其他记录，查封营业场所、账簿和记录，询问经营者和经营者协会的代表或工作人员。在欧盟委员会的要求下，成员国竞争执法机构应当对搜查提供必要协助。最后，欧盟委员会应当保障相关各方陈述意见的权利。在欧盟委员会采取一项决定之前，其应听取申报人及其他相关方的意见。如果决定是临时性的，可以在决定作出后听取申报人和其他相关方的意见。

如果欧盟委员会认为集中可能会严重影响竞争，参与集中的经营者应当向欧盟委员会提出救济措施（即限制性条件），例如对集中交易进行必要的调整，以维持市场竞争水平。经营者可以在第一阶段或第二阶段调查过程中提出救济措施。经营者可以就欧盟委员会在集中审查过程中作出的

---

[1] European Commission, Competition: Merger control procedures, July 2013, also see https://competition-policy.ec.europa.eu/system/files/202102/merger_ control_ procedures_ en.pdf, 最后访问日期：2021年8月4日。

决定或程序性事项向欧盟普通法院进行上诉。此外，依据《欧盟合并条例》第 18 条第 1 款和第 3 款以及《集中控制实施条例》第 17 条第 1 款，申报人有权查阅欧盟委员会所掌握的相关文件。

三、国家援助制度的审查程序

（一）国家援助的制度现状

《欧盟运行条约》第 107 条至第 109 条是国家援助条款，欧盟竞争法对成员国国家援助实施的是"原则禁止+例外豁免"的事前审查机制。第 107 条为国家援助制度的实体规则条款，对欧盟竞争法所禁止的国家援助进行了定义，并明确列举了豁免条件。具体来说，第 107 条第 1 款对国家援助进行了定义，即成员国通过补贴或国家资源等形式支持特定企业或特定产品的生产，扭曲或威胁扭曲竞争并影响成员国之间的交易。凡符合第 1 款所定义的国家援助措施均构成与欧盟内部市场不兼容，应予以禁止。第 2 款与第 3 款为豁免条款，其中第 2 款列举了三类本质上与内部市场相兼容的国家援助类型，包括：①无歧视地给予个体消费者的援助；②为补偿自然灾害或者例外事件导致的损害的援助；③授予德国特定区域经济的补贴。第 3 款列举了五类可被视为与内部市场相兼容的援助，包括：①为推动低收入地区、严重失业地区以及欧盟运行条约第 349 条所列明的偏远地区经济发展而提供的援助；②为推动执行共同欧洲利益的重要计划或者救济成员国经济严重骚乱的援助；③便利不与共同利益相抵触的特定经济活动或者特定经济地区的援助；④为推动文化和遗产保护而提供的援助；⑤其他基于欧盟委员会提议由理事会认定的补贴。

第 108 条和第 109 条为国家援助制度的程序性条款。第 108 条第 1 款授予了欧盟委员会监控所有成员国国家援助的职权，第 2 款和第 3 款规定了国家援助的审查程序。第 108 条第 4 款与第 109 条是针对第 107 条第 3 款的立法程序条款，规定由欧盟委员会提议，经欧洲议会咨询后，理事会可以制定国家援助的实施条例和豁免条例。

（二）国家援助审查程序

欧盟竞争法对国家援助实施事前审查制度，由欧盟委员会独家进行审查。欧盟成员国的国家援助项目只要符合国家援助的定义，就需要向欧盟委员会提出申报。成员国应向欧盟委员会提供充分的必要信息，以保障国家援助审查的准确性。在欧盟委员会作出同意援助的决定之前，成员国不应实施援助措施。对国家援助的审查可以被划分为简易程序和普通程序。

1. 简易程序

与经营者集中类似，对于特定类型的援助措施，也可以适用简易程序。能够适用简易程序的国家援助包括三种类型：一是属于现存框架或指南中"标准评估"部分的援助措施，包括所谓的符合"安全港"的援助措施，以及无法适用集体豁免但属于横向指南和框架中的同等类型评估的援助措施；二是符合欧盟委员会既定决策惯例的援助措施，即如果援助措施符合至少三个已被批准的先例的特征，可以在欧盟委员会决策惯例的基础上按照简易程序进行审查；三是已被批准的援助措施的延期和扩展，包括已被批准的援助计划预算增加超过 20%、延长现有援助计划的期限、收紧现有援助申请标准、降低现有援助强度或减少费用。

简易程序分为"申报前商谈—申报—发布申报的摘要—作出简易决定—公布简易决定"五个阶段。申报前，成员国提前与欧盟委员会联络，有助于在前期确定案件是否可以适用简易程序以及正式申报时所需提供的信息。如果欧盟委员会认为可以对该援助适用简易程序，应向成员国发出简易申报的通知。成员国在收到通知之日起 2 个月内需要按照简易程序提出申报。欧盟委员会在收到申报之后，应当在其网站上公布申报的摘要，利害关系人有 10 个工作日的时间提交意见。如果利害关系人有确切的证据证明该案件需要依照普通程序进行正式调查，欧盟委员会应当恢复适用普通程序。对于适用简易程序的案件，欧盟委员会需在自收到申报之日起 20 个工作日内通过简易决定允许援助措施的实施。简易程序极大缩短了国家援助审查的期限，使部分明显不会限制竞争的国家援助政策可以在较短时间内通过，节省了执法资源。

2. 普通程序

对于不符合适用简易程序的国家援助项目，应当适用普通程序。普通程序一般分为初步调查和正式调查两个阶段。自收到申报之日起,欧盟委员会有 2 个月的时间开展初步调查。初步调查可能会得出三种不同的结论:一是不构成欧盟竞争法意义上的国家援助,因此批准该援助的实施;二是构成与欧盟竞争法相兼容的国家援助,其积极效果大于反竞争效果,因此批准该援助的实施;三是对援助是否与欧盟竞争法相兼容存在严重怀疑,由此应进入正式调查阶段。在正式调查阶段,欧盟委员会可就其竞争关切要求成员国与利害关系人提供意见。所收到的意见应当实名或匿名发送给成员国,并要求成员国限期答复。正式调查没有法定期限,欧盟委员会根据案件复杂性、提供信息的情况以及成员国合作水平来决定正式调查的期限。在正式调查结束后,欧盟委员会通过正式决定来批准或禁止国家援助措施,包括积极决定、附条件决定以及消极决定。积极决定意味着该项国家援助措施与内部市场兼容,可以被实施。附条件决定是指该项援助措施虽然与内部市场兼容,但是其实施需附带条件。消极决定意味着该援助措施与内部市场不兼容,不应被实施。在作出消极决定后,对于已经实施的国家援助,欧盟委员会原则上应当要求成员国停止继续实施并收回已经支付的援助。在初步调查和最终调查的决定作出之前,成员国可在任何时间点撤销申报。申报一经撤销,欧盟委员会可终止审查程序。

(三) 补救案程序

欧盟委员会可以启动一个"补救案"(recovery case),为实施消极决定,要求成员国移除已经授予企业的不合理的利益,并消除其援助措施对市场竞争的不良影响。补救的目的是使内部市场恢复到援助实施前的状态,主要方式是要求成员国收回援助及利息。在保障成员国能够不拖延地收回援助的基础上,具体的收回程序需依照成员国国内法进行。在实施补救案时,成员国应保证与欧盟委员会进行忠实合作,成员国需向欧盟委员会定期报告其执行情况,使欧盟委员会能够正确评估补救案的执行情况,并提供必要协助。欧盟委员会有权责令成员国追回国家援助,该权力的行使以 10 年有效期为限,在个案援助的情况下自受益人被授予援助之日起开始计算;以援助计划实施的援助,有效期应自受益人实际上收到援助之日起开始计算，而非从法律依据通过之日起开始计算。[1]欧盟委员会一般会为成员国设定两个期限，一是成员国提交追回计划的期限，二是履行追回义务的期限。在具体执行中如遇到困难，成员国可向欧盟委员会要求延长期限。

为保证成员国与欧盟委员会的忠实合作，欧盟委员会应通过启动会议（Kick-off meeting）加强两者之间的信息交换。一般情况下，追回的援助包括支付的现金及产生的利息。但若援助是以非现金的方式提供的，经成员国申请，欧盟委员会也可接受以实物形式或其他替代形式返还援助。另外，追回援助可能导致受益人面临破产的风险，即国家援助使某些本应被市场淘汰的企业继续留在市场中，破产的风险并不能阻碍对国家援助的追回，成员国可按照国内的破产清算程序扣押受益人的资产，以保障援助能够被追回。

在补救案程序的终结方面，欧盟委员会设计了一个"临时终结"程序，即成员国已经暂时执行了追回程序，但由于以下原因不能被视为最终执行：①存在欧盟或成员国层面的未决诉讼；②正在进行的国家行政程序仍可能影响追回义务的履行；③破产程序仍在进行中，其中国家援助追回的要求已经在适当的级别被登记。对于实施了"临时终结"的补救案，成员国应随时向欧盟委员会通报最新情况，并提供相应的证据，直至补救案最终实施完毕。

如成员国机构因受益人拖延返还援助，或者受益人对返还决定表示不服，均可以向成员国法院提起诉讼。经受益人申请，成员国法院可以给予其临时性的救济。欧盟法院在 Zuckerfabrik 案[2]和 Atlanta 案[3]中明确了对受益人进行临时性救济的前提条件，包括对追回决定的有效性存在严重

---

〔1〕 Commission Notice on the recovery of unlawful and incompatible State aid, OJ C 247/1, 23. 7. 2019, para 56.

〔2〕 C-143/88 and C-92/89, Zuckerfabrik Süderdithmarschen and Zuckerfabrik Soest v Hauptzollamt Itzehoe and Hauptzollamt Paderborn [1991], ECR I-00415, para 23.

〔3〕 C-465/93, Atlanta Fruchthandelsgesellschaft and Others (I) v Bundesamt für Ernährung und Forstwirtschaft [1995], ECR I-03761, para 51.

怀疑、授予临时性救济具有紧迫性、适当考量欧盟的利益以及尊重欧盟法院针对临时性救济的任何裁决。对于不在合理期限内执行消极决定的成员国，《欧盟运行条约》第 258 条赋予了欧盟委员会追究成员国国家责任的权力。

四、经营者的合规指引

经营者合规是各国竞争法实施的重要组成部分，表现为经营者主动遵守竞争法，避免从事违反竞争法的行为。欧盟竞争法为经营者合规制定了一个较为详细的指引，包括企业的合规责任、违法成本、合规的范围以及合规策略制定等内容。[1]在合规策略制定方面，首先，为应对潜在的垄断风险，欧盟委员会鼓励经营者事先制定清晰的合规策略，并对企业内部各层级的人员针对合规策略进行培训。一个有效的合规策略应当能够识别企业所面临的总体风险和个体风险，作出明确的策略指引。企业需要结合所处行业的特殊性、与竞争者之间往来以及相关市场的市场结构进行风险评估，应当重点关注可能导致违法风险的决策，加强对责任人员的管理与培训。企业内部的合规策略应当是清晰的，鼓励采取书面形式，包含对欧盟竞争法及其目的的一般性描述、欧盟竞争法的实施方式、企业的违法风险与违法成本。企业管理层对合规工作明确且持久的支持至关重要。其次，通过制作培训手册和提供培训课程等方式加强对企业员工的合规培训，构建内部举报机制，制定合规相应的激励措施和惩罚措施。再次，通过事前的监测和事后的审计来管控风险。最后，合规策略需要根据企业的具体情况进行设计，不存在"放之四海而皆准"的策略。欧盟委员会可以向企业提供必要的信息，但是不会对任何具体的合规方案提供建议或者进行批准。

---

　　[1]　European Commission, Compliance Matters: what companies can do better to respect EU competition rules, Luxenmbourg: Publications Office of the European Union 2012.

◇ 第三章 ◇

欧盟竞争法的私人执行制度

对受害人的完全赔偿原则是欧盟竞争法私人执行的首要指导原则，该原则源于欧盟法院在 Courage and Crehan[1]一案中的判决，欧盟委员会在之后的《反托拉斯损害赔偿诉讼白皮书》（以下简称《白皮书》）[2]以及《损害赔偿诉讼指令》[3]中都将该原则列为私人执行最重要的原则。完全赔偿原则是指任何自然人或者法人因违反竞争法而受到损害的，都可以要求并获得完全赔偿。完全赔偿应当达到使受害人恢复到违法行为尚未发生时的本原状态。因此，完全赔偿的范围应当包括实际损失（actual loss）、利润损失（loss of profit）以及利息。同时，《损害赔偿诉讼指令》强调："完全赔偿……不应导致过度赔偿，特别应当避免实施惩罚性的、多重的或其他类型的损害赔偿。"在本章中，首先对完全损害赔偿原则在欧盟竞争法中的确立进行阐释。其次，对《损害赔偿诉讼指令》中关于起诉资格、举证责任、损害赔偿的计算等问题进行依次论述。

一、完全赔偿原则在欧盟竞争法私人执行中的确立

（一）完全赔偿原则在早期案例中的确立

欧盟竞争法现代化的重要目标之一是构建一个公共执行与私人执行并

---

〔1〕 C-453/99, Courage and Crehan［2001］, ECR I-06297.

〔2〕 European Commission, White Paper on Damages actions for breach of the EC antitrust rules, Brussels, 2. 4. 2008, COM（2008）165 final.

〔3〕 DIRECTIVE 2014/104/EU OF THE EUROPEAN PARLIAMENT AND OF THE COUNCIL of 26 November 2014 on certain rules governing actions for damages under national law for infringements of the competition law provisions of the Member States and of the European Union, OJ L349/1, 5. 12. 2014.

存的分散执行体系，主要体现在于《第 1/2003 号条例》明确规定，《欧盟运行条约》第 101 条和 102 条可以直接被成员国执法机构与成员国法院所直接适用。在欧盟竞争法中，私人执行被认为是公共执行的重要补充，成员国法院发挥了越来越重要的作用。私人执行提供了一种可能性，即个人可以因违反第 101 条和第 102 条的行为向成员国法院提起损害赔偿诉讼。

1. Courage and Crehan 案

欧盟法院最早在 Courage and Crehan 案中确立了因违反第 101 条和第 102 条而承受损害的个人可以向成员国法院寻求损害赔偿的原则，欧盟法院提出"个人可以援引第 85 条第 2 款（现为第 101 条第 2 款）所规定的自动无效原则（automatically void），除非违法的协议可以依据第 85 条第 3 款得到欧盟委员会的豁免"。[1]

Courage 是一家在英国拥有 19% 市场份额的啤酒制造商，Grand Metropolitan plc 是一家拥有大量餐厅和酒店的企业。双方同意将各自所有的公共房产以合营子公司 Inntrepreneur Estates Ltd（以下简称"IEL"）的名义进行租赁。所有 IEL 的承租人都必须独家购买 Courage 的啤酒，并执行 Courage 所制定的价目表。1991 年，酒吧老板 Crehan 与 IEL 签订了两份长达 20 年的租赁合同以经营酒馆，相应的对价是 Crehan 必须以固定的数量购买 Courage 生产的啤酒产品，并且以 Courage 所指定的转售价格销售这些啤酒。1993 年，Courage 提起诉讼，要求 Crehan 支付啤酒价款 15 266 英镑。而 Crehan 对这一要求的合法性提出疑问，认为该协议违反了《欧盟运行条约》第 85 条（现第 101 条）。Crehan 提出 Courage 以较低的价格向独立经营的酒吧供应啤酒，这种价格差异导致 Crehan 在市场中处于竞争劣势，因此要求 Courage 予以损害赔偿。

（1）欧盟法院的裁决

首先，在该案中，一个主要的争议是签订限制性协议的一方是否有权

---

[1] C-453/99, Courage and Crehan [2001], ECR I-06297, para 22. 本案中的第 85 条现为《欧盟运行条约》第 101 条，第 86 条现为第 102 条。为保持案件引用的准确性，在引用原文时使用第 85 条进行表述。

诉求损害赔偿。英国上诉法院提出，允许协议一方提起诉讼有违英国法中"个人不得援引其自身的卑鄙"原则（nemo auditur propriam turpitudinem allegans）。一方面，英国上诉法院的法官 Morritt L. J. 提出，第85条第1款并不适宜保护违法协议中的一方当事人，这一点在早期的 Cibbs Mew Plc v. Grahan Gemmell 案[1]中得以确立。相比协议的一方，第85条第1款更应该保护的是消费者和竞争者。另一方面，Morritt L. J. 认为"个人不得援引其自身的卑鄙"原则与欧盟竞争法并不冲突，因为 Crehan 有义务"不签订协议以减轻自身的损害"。尽管 Crehan 也承受了损害，但不可否认这一损害是来自其签订协议的行为。

因此英国上诉法院向欧盟法院提起初步裁决程序，要求确认 Crehan 是否有资格提起损害赔偿之诉。欧盟法院在该案中明确提出个人应当受到第85条第1款的保护，任何人都可以依据违反条约第85条第1款的行为，向成员国法院提起诉讼，即使其是限制或扭曲竞争的协议的一方。欧盟法院的法律顾问（Advocate General）J. Mischo 提出，共同体法并不排除成员国国内法适用"个人不得援引其自身的卑鄙"原则，但是共同体法禁止"仅因个人是协议的一方"就否定其提起诉讼的资格。[2]

其次，针对协议中负有"重大责任"的一方是否应当拥有诉权的问题。在该案中，欧盟法院无意直接回应 Crehan 是否应当被授予损害赔偿权。但是，欧盟法院指出在判断原告资格时，应当考量协议成员实际应当承担的责任。"在遵守同等原则和有效原则的前提下，共同体法并不排除成员国国内法否认那些对扭曲竞争的协议负有重大责任的成员获得损害赔偿的权利。"[3] Mischo 引用了意大利政府的观点，"处于极端弱势地位的受害人没有真正的选择自由"。例如，拥有强大市场力量的生产者可能强

---

[1] Gibbs Mew PLC v Graham Gemmell, 2 Eur. L. Rep. 588 (1998); See Assimakis P. Komninos, New prospects for private enforcement of EC competition law: Courage v. Crehan and the Community right to damages, CMLR 39 (2002), pp. 461-462; Okeoghene Odudu, James Edelman, Compensatory damages for breach of Article 81, (2002) 27 E. L. Rev, p. 328.

[2] C-453/99, Courage and Crehan [2001], ECR I-06297 (AG Opinion), paras 31-34.

[3] C-453/99, Courage and Crehan [2001], ECR I-06297, para 31.

制其上游或下游厂商订立限制性协议，而弱势的一方签订协议可能并非源于其真实意愿。这一协议并未反映双方的意思自治，一方因自身行为而遭受损害的可能性也是存在的。然而，如果原告拥有较强市场力量，对于协议的达成负有较大责任，国内法院就需要评估相关的证据和情形，以确定其应否被给予请求损害赔偿的权利。Mischo 强调弱势一方应当获得的赔偿额不应高于其承受的损害，否则会导致过度赔偿的问题。

欧盟法院将私人诉讼的原告资格与《欧盟运行条约》第 101 条的有效实施相联系。如果受害人不能获得提起损害赔偿之诉的机会，第 101 条的有效实施就无法得以保障，即使这个受害人是协议的一方。欧盟法院更进一步解释道，首先，国内法院有义务适用欧盟条约中的规则，特别是保障由条约赋予的个人权利。其次，应当允许任何个体援引第 101 条第 2 款所规定的限制性协议自动无效原则，包括协议的一方。最后，国内法院应当保障第 101 条和第 102 条的直接效果得以实现，以及保障由上述两个条款所授予的个人权利的有效性。

第三，针对个体权利的司法保护和共同体竞争法的有效实施，欧盟法院的法律顾问 Mischo 确认了私人损害赔偿诉讼的重要性，尤其考量到个体权利以及共同体竞争法的有效实施，提出"如果个体无法因限制或者扭曲竞争的协议要求损害赔偿，条约第 85 条的完全实施……就会存在无法实现的风险"。[1] 在分析这一点时，首先，欧盟法院援引了诸如 Van Gend en Loos、Costa、Francovich and Others 等早期判例中的结论，用以说明对私人的司法保护应当被共同体法所保障，即共同体法所授予的个体权利可以作为个体的"法律资产"。其次，欧盟法院指出，一个违反第 85 条第 1 款并且无法获得第 3 款豁免的横向或者纵向协议是自动无效的。在共同体法中，自动无效是对协议违法的基本处罚，禁止协议一方起诉可能会阻碍这一基本处罚的有效实施。最后，欧盟法院确认了共同体竞争法对个体的直接效果。在先前的 BRT、Delimitis 等案件中，欧盟法院多次强调条约授予的个

---

〔1〕　C-453/99, Courage and Crehan［2001］, ECR I-06297, para 26.

体权利应当受到国内法院的保护。[1] 在 Courage and Crehan 案中，国内法院在私人诉讼中的重要地位被进一步细化，"在缺乏共同体法的情况下，应当由各成员国本国法律体系指定法院和法庭进行管辖，并且制定细节性的程序性规则规制源于共同体法的私人诉权，而此类规则在适用时相比类似的国内诉讼规则同等有效（同等原则），并且不会导致共同体法所赋予的权利实质上不可能被行使或行使过于困难（有效原则）"。[2]

基于协议一方的经济与法律地位来界定其是否应负"重大责任"，属于国内法院的权限范围，所考量的因素可能包括协议双方的议价能力和行为。国内法院有权禁止任何对协议达成负有重大责任的当事人依据欧盟竞争法获得赔偿。在决定成员国法院的管辖权时，欧盟法院提出，基于各国法院熟知本国程序规则和共同体竞争法，在同等原则和有效原则的前提下，应当由国内法院来确定反垄断诉讼的程序性事项。

（2）Courage and Crehan 案对原告资格认定的贡献：无重大责任的"任何个体"

Courage and Crehan 案的重要意义在于，它首次确认了在反垄断损害赔偿诉讼中原告的起诉资格，任何个人因违反共同体竞争法而遭受损失，都应当有获得损害赔偿的权利。虽然本案也促进了私人损害赔偿诉讼制度在欧盟竞争法层面的发展，但是不可否认的是，欧盟法院在本案中的模糊态度也引发了许多对于原告资格的争议。

首先，欧盟法院在 Courage and Crehan 案中所确立的私人之间的损害赔偿责任，与 Francovich 案[3] 中国家对私人的责任是否相同。在 Francovich 案中，欧盟法院提出，因违反共同体法而导致私人受到损害，国家必须承担责任，国家对私人的责任应当由成员国法院予以保障。相比 Francovich 案的判决，欧盟法院在 Courage and Crehan 案中使用了类似的表述，但并没

---

　　[1]　Case127/73, BRT v SABAM [1974] ECR 51, paras 15-16; Case C-234/89, Stergios Delimitis v. Henninger Bräu AG [1991], ECR I-935, para 45.

　　[2]　C-453/99, Courage and Crehan [2001], ECR I-06297, para 29.

　　[3]　Joined Cases C-6/90 and C-9/90, Francovich and Others [1991], ECR I-05357.

有明确回答这一赔偿权究竟源自欧盟竞争法，还是成员国竞争法。对此不同学者提出了不同的解释。"狭义解释"（或传统解释）的支持者认为，这完全是国内法问题，适用国内程序规则足以解决违反条约第 101 条和第 102 条的损害赔偿诉讼，即使国内法院需要遵守同等原则和有效原则。[1]欧盟法院也在本案的判决中强调对"国内自治"原则的尊重。[2]

反对"狭义解释"的观点认为，坚持"国内自治"可能会妨碍对个体权利进行司法保护的一致性，为了确保司法保护在不同成员国的一致适用，承认基于欧盟竞争法的损害赔偿权是必要的。[3]欧盟法院法律顾问 Jacob 于 2003 年的 AOK Bundesverband 案中提出了共同体损害赔偿权的概念，并解释道，"作为共同体法的一部分，损害赔偿救济和禁令救济可适用于因（违反共同体法的）行为而承受损害的任何人，只要国内程序规则与同等原则和有效原则保持一致"。[4]其他观点认为，欧盟法院试图在共同体竞争法的一致适用与成员国国内法自治之间寻求一个平衡，这一观点也在后续的 Manfredi 案中得到重申，"行使共同体法所派生的权利应由国内法律体系（包括"因果关系"的概念）在同等原则和有效原则下予以具体规定"。[5]

其次，关于"任何个体"是否包括消费者这一问题，德国和意大利采取了不同的态度。在 Manfredi 案中，意大利法院提出了是否应该授权包括

---

〔1〕 See Assimakis P. Komninos, New prospects for private enforcement of EC competition law: Courage v. Crehan and the Community right to damages, CMLR 39 (2002), pp. 455~456.

〔2〕 See Sara Drake, Scope of Courage and the principle of "individual liability" for damages : further development of the principle of effective judicial protection by the Court of Justice, (2006) 31 E. L. Rev, p. 848.

〔3〕 See Sara Drake, Scope of Courage and the principle of "individual liability" for damages : further development of the principle of effective judicial protection by the Court of Justice, (2006) 31 E. L. Rev, pp. 848; Assimakis P Komninos, New prospects for private enforcement of EC competition law: Courage v. Crehan and the Community right to damages, CMLR 39 (2002), pp. 455~457;

〔4〕 C-264/01, AOK-Bundesverband and Others〔2004〕, ECR I-02493 (AG Opinion), para 104.

〔5〕 Joint Cases C-295/04 to C-298/04, Manfredi and Others〔2006〕, ECR I-06619, paras 62-64; see Assimakis P Komninos, New prospects for private enforcement of EC competition law: Courage v. Crehan and the Community right to damages, CMLR 39 (2002), p. 855.

消费者在内的第三方对违法的协议或行为提起损害赔偿诉讼这一问题。该案的法律顾问 Geelhoed 在意见中表示，消费者的利益受竞争法保护，并且应由私人诉讼来保护。[1]

2. Manfredi 案

法院在 Manfredi 案中再次确认了个体依据共同体竞争法提起诉讼的权利。只有在损害和违法行为之间存在因果关系时，个体才能要求损害赔偿。关于反垄断损害赔偿诉讼的程序，欧盟法院认为，只要在同等原则和有效原则的前提下，国内的法律系统应当有权制定程序规则并且指定法院或法庭审理此类案件。关于是否允许惩罚性损害赔偿的问题，欧盟法院表示，原则上赔偿应包括实际损失、利润损失和利息，应当由成员国法决定是否给予惩罚性损害赔偿。

（二）从《绿皮书》到《损害赔偿诉讼指令》的发展过程

《第 1/2003 号条例》开启了欧盟竞争法实施的现代化改革，其旨在建立一个分散的执行系统。在这个系统中，成员国法院发挥着关键的作用，他们可以直接且全面地适用《欧盟运行条约》第 101 条和第 102 条。《第 1/2003 号条例》明确规定，国内法院有权保障共同体法下的个人权利，包括保障受害人获得赔偿的权利。然而，无论是《第 1/2003 号条例》还是欧盟法院的判例都无法提供关于反垄断损害赔偿诉讼的详细规则。如上所述，Courage and Crehan 案和 Manfredi 案旨在确立由共同体法所赋予的个人权利，该权利应受到国内实体法和程序法的保护。在这两个案件的影响下，欧盟委员会启动了立法程序，先后发布了《反托拉斯损害赔偿诉讼绿皮书》[2]（以下简称《绿皮书》）、《白皮书》[3]和《反托拉斯损害赔偿诉讼指令草

---

〔1〕 Joint Cases C-295/04 to C-298/04, Manfredi and Others［2006］, ECR I-06619（AG Opinion）, para 31.

〔2〕 European Commission, Green Paper Damages actions for breach of the EC antitrust rules, Brussels, 19. 12. 2005, COM（2005）672 final.

〔3〕 European Commission, White Paper on Damages actions for breach of the EC antitrust rules, Brussels, 2. 4. 2008, COM（2008）165 final.

案》（以下简称《指令草案》）[1]，以改善大多数成员国反垄断诉讼的"不发达"状况，最终《损害赔偿诉讼指令》于 2014 年 12 月发布。

1. 《绿皮书》《白皮书》及《损害赔偿诉讼指令》中的反垄断诉讼

2005 年，欧盟委员会发布了《绿皮书》和《工作报告》（Staff Working Paper）[2]，作为对 Courage and Crehan 案的回应，以界定反垄断诉讼中可能出现的障碍，并提供了消除这些障碍的可能选项。随后的《白皮书》于 2008 年发布，就《绿皮书》中界定的障碍提出建议。在《绿皮书》和《白皮书》的准备工作完成后，依据《欧盟运行条约》第 103 条，欧盟委员会于 2013 年 6 月通过了一项关于反垄断损害赔偿诉讼的草案。《损害赔偿诉讼指令》于 2014 年 11 月签署成为法律，并于 2014 年 12 月公布。在欧盟法中，条约和条例应由成员国直接适用，无需转换为成员国国内法，而指令必须由各成员国通过修改国内法，转换为国内法予以适用。在 2014 年《损害赔偿诉讼指令》颁布之后，各成员国有 2 年时间修改本国竞争法，以符合指令的要求。

总结《绿皮书》和《白皮书》的内容，有两个主要问题是《损害赔偿诉讼指令》需要解决的。一是成员国实体法和程序法中存在的具体障碍，包括：①间接购买人的诉讼资格和转嫁抗辩问题；②减轻原告的诉讼负担，缓解原被告之间的信息不对称，如证据的获取、竞争主管部门处罚决定在诉讼中的效力、过错的证明、损害赔偿的计算等；③集体诉讼和其他类型的集团诉讼；④管辖权、诉讼时效以及诉讼费用等问题。欧盟委员会希望对共同体竞争法所保障的个体权利提供最低水平的保护，并协调成员国立法，以确保实现个体保护。《绿皮书》和《白皮书》中讨论的一些措施已在最终颁布的《损害赔偿诉讼指令》中进行了规定，如间接购买人的诉讼资格和转嫁抗辩、证据披露、执法机构的决定在诉讼中的效力、损

---

〔1〕 European Commission, Proposal for a Directive of the European Parliament and of the Council on certain rules governing actions for damages under national law for infringements of the competition law provisions of the Member States and of the European Union, Strasbourg, 11. 6. 2013, COM（2013）404 final.

〔2〕 European Commission, Commission Staff Working Paper accompanying the White Paper on Damages actions for breach of the EC antitrust rules, Brussels, 2. 4. 2008, SEC（2008）404.

害赔偿的计算和其他争议解决机制。《损害赔偿诉讼指令》中未提及的其他问题应由成员国的国内法自行规定，如反垄断集体诉讼。

欧盟委员会在《绿皮书》和《白皮书》中打算厘清的第二个问题是私人执行的功能，以及其与公共执行之间的关系。欧盟委员会指出，私人执行是欧盟反垄断执法体系的一个重要支柱。一方面，私人执行应独立于公共执行，并与公共执行在适用共同体法上保持一致。另一方面，私人执行应当成为公共执行的一个重要补充。允许受害人提起独立诉讼（standalone action）或后继诉讼（followon action）。私人执行为受害人提供了主动诉讼的机会，而不是等待欧盟委员会或成员国执法机构的调查。私人诉讼也为受害人提供了终止违法行为并获得完全赔偿的可能性。最终颁布的《损害赔偿诉讼指令》体现了《绿皮书》和《白皮书》的成果，强调了私人执行和公共执行的共存，并要求改善私人反垄断损害赔偿诉讼在成员国的不发达状态。《损害赔偿诉讼指令》指出，私人执行和公共执行的互动应基于保障竞争规则发挥最大的效用。这种最大效用并不是以牺牲公共执行为代价的，反而公共执行和私人执行应当保持一致，立法者需要制定制度以协调公共执行与私人执行，鼓励个人提起私人诉讼，但不损害公共执行的效力。

2. 完全赔偿原则的确立

《白皮书》明确指出了在私人执行中赔偿目标的重要性，并强调应将完全赔偿原则作为首要和最重要的指导原则。[1]《损害赔偿诉讼指令》延续了《白皮书》对完全赔偿原则的论述，第 3 条将获得完全赔偿作为一项主要原则予以规定，欧盟竞争法授予个人获得赔偿的权利，这种权利需要得到成员国程序规则的保障。而不同成员国国内规则的差异可能导致私人执行的低效问题，给参与诉讼的各方造成不公平的诉讼环境和法律不确定性。虽然《损害赔偿诉讼指令》更关注赔偿目标的实现以及程序的有效

---

〔1〕 欧盟委员会将《白皮书》的主要目标确定为，改善法律条件，使受害人能够行使由《欧盟运行条约》授予的权利，以修复因违反欧盟竞争法所导致的损害。私人执法有助于提高对违法行为的发现率，威慑未来可能发生的违法行为，促使企业更严格地遵守欧盟竞争法。

性，而非现行法规能否达到最优执行的目的，以及是否能对违法行为产生威慑效果。然而，不可否认，诉讼机制的有效性、损害赔偿的数额以及法律确定性必然会影响竞争法的威慑效果，降低企业从事违法行为的意愿，减少违法行为的获利，提高行为被认定为违法的概率。

二、原告资格的确定

(一) 受害人的诉讼资格概述

欧盟法院在 Courage and Crehan 案以及 Manfredi 案中多次强调，任何人因违反《欧盟运行条约》的行为而遭受损害都可以要求损害赔偿。理论上，这里的"任何人"应当包括协议的一方、违法者的上下游（直接或间接购买人）、潜在客户（在没有违法行为的情况下会购买商品的人）、现存竞争对手、新进入者、伞形客户（非卡特尔成员的客户）等。

欧盟法院在 Courage and Crehan 案中确认，应当允许协议一方拥有获得损害赔偿的权利。在确定协议一方的诉讼资格时，应当进行"重大责任"测试。成员国有权通过其国内规则禁止对违法行为负有"重大责任"的一方提起反垄断民事诉讼。但是，当协议一方在协议中处于"明显弱势地位"，缺乏相应的议价能力时，他们应该享有起诉的权利。

通常，对直接购买人的诉讼资格几乎没有争议，存在争议的问题在于间接购买人是否应当具有诉讼资格。反对赋予间接购买人诉讼资格的观点包括，间接购买人是否会导致过度诉讼（"闸门争论"）的问题，间接购买人难以证明其承受的损害与违法行为之间存在因果关系，以及因果关系的遥远性和转嫁溢价（Passing-on of overcharges）导致在诉讼中证明因果关系是困难的、不确定的。[1]《损害赔偿诉讼指令》第 12 条明确肯定了间接购买人的诉讼资格，该条规定："为了确保完全赔偿权充分有效……成员国应确保……遭受损害的任何人都可以要求赔偿，无论他们是违法者的直接购买人还是间接购买人……"《损害赔偿诉讼指令》在随后的第 14 条中规定

---

〔1〕 溢价是指实际支付的价格与在没有违反竞争法的情况下支付的价格之间的差异。转嫁溢价是指溢价在供应链的不同环节中传导。

了关于"转嫁溢价"的举证责任，该条款将在下文详细讨论。

（二）间接购买人的诉讼资格

1. 定义

《损害赔偿诉讼指令》第 2 条第 23 项和第 24 项对"直接购买人"和"间接购买人"进行了定义，"直接购买人"是指直接从违法者处获得违反竞争法的商品或服务的自然人或法人。"间接购买人"是指自然人或法人从直接购买人或后续购买人处获得违反竞争法的商品或服务，或者获得含有这些商品或服务的商品或服务，或者获得由这些商品或服务所衍生的商品或服务。

《损害赔偿诉讼指令》将直接购买人描述为违法者的直接顾客，他们可能因违反欧盟竞争法的行为直接受到损害。直接购买人所拥有的权利也同样适用于违法者的直接供应商，这些供应商可以根据相关国内法以同一方式提起反垄断诉讼。对于保障私人反垄断诉讼的有效性来说，给予直接购买人以诉讼资格是至关重要的。特别是对于核心卡特尔来说，竞争者不会在这种情况下提起诉讼，直接购买人是寻求损害赔偿的主要力量。

对于间接购买人来说，问题则较为复杂，因为很难确定他们是否事实上受到了损害，即违法行为所导致的溢价是否由间接购买人所承受？首先，溢价是否已经转嫁给间接购买人可能取决于多种因素，如市场竞争的强度、需求弹性等。经营者有可能通过不同的商业或财务策略来抵消协议所带来的溢价，而不将其转嫁给下游企业。其次，由于协议与损害之间的遥远性，证明和计算间接购买人所承受的损害往往是困难的。若授予间接购买人起诉资格，则需解决如何便利其起诉的问题，这也是《白皮书》和《损害赔偿诉讼指令》的重要任务之一。

由于溢价转嫁的不确定性，诉讼中可能出现过度赔偿或赔偿不足的问题，这与《损害赔偿诉讼指令》所规定的完全赔偿原则相违背。一方面，赔偿不足的问题广泛存在于大多数欧盟成员国，为了缓解这一问题，欧盟通过判例和《损害赔偿诉讼指令》允许大规模的潜在受害人追求和获得损害赔偿。另一方面，为避免过度赔偿，《损害赔偿诉讼指令》第 12 条第 2

款规定，成员国应当制定程序性规则，避免过度赔偿，使供应链各环节的受害人就其真实损害得到完全赔偿。这就需要国内法院不仅能够确定损害是否真实发生，还要准确地计量损害的金额。《损害赔偿诉讼指令》强调无论直接购买人还是间接购买人均有权获得完全赔偿，同时允许违法者援引溢价转嫁抗辩，包括防御性和攻击性地使用溢价转嫁抗辩，即不仅被告可以针对直接购买人提起溢价转嫁抗辩，因为直接购买人可能将溢价转嫁给了供应链的下游企业，而且允许间接购买人将溢价转嫁作为诉讼中的主要证据，用来证明其承受了损害。

2. 间接购买人的诉讼资格与溢价转嫁抗辩

（1）间接购买人诉讼资格与溢价转嫁抗辩的争议

《损害赔偿诉讼指令》同时肯定了间接购买人的诉讼资格和被告的溢价转嫁抗辩。这一制度设定与完全赔偿原则是一致的，即直接购买人和间接购买人均有权要求损害赔偿，但是赔偿的额度应等同于其所承受的真实损害，应避免违法者承担多重赔偿的风险。这一设定与公平原则和修复正义的价值是一致的。但是转嫁抗辩和间接购买人诉讼这一问题中一直存在一定的争议，一是间接购买人所承受的溢价是否可以在诉讼中被证明及被计算，二是间接购买人之诉是否会降低竞争法实施的威慑效果。

与《损害赔偿诉讼指令》的观点相反，美国最高法院早在 20 世纪 60、70 年代的两个经典判例 Hanover Shoe 案和 Illinois Brick 案中否认了间接购买人的诉讼资格，同时拒绝承认溢价转嫁抗辩。[1] 在 1968 年的 Hanover Shoe 案中，鞋制造商 Hanover Shoe 向被告设备制造商 United's 索取三倍损害赔偿，其诉称，被告拒绝交易的行为违反了《谢尔曼法》第 2 条。被告尝试在该案中援引转嫁抗辩，其声称本案原告 Hanover Shoe 并未真实承受损害，损害已经被传导至下游。但最终美国最高法院拒绝承认转嫁抗辩，在判决中指出转嫁抗辩会在诉讼中导致复杂的问题，同时减弱诉讼的威慑效果。一方面，企业的定价可能受到一系列因素的影响。在不同销售量

---

〔1〕 Hanover Shoe, Inc. v. United Shoe Machinery Corp. 392 U. S. 481（1968）；Illinois Brick Co. v. Illinois，431 U. S. 720（1977）.

下，估算每单位产品的成本是困难的，无法确定涨价是否由溢价转嫁造成。另一方面，美国最高法院还提出疑问，间接购买人可能不是反垄断法最优的执行者，因为"购买每一双鞋的最终消费者，在法律诉讼中可能仅拥有微小的利益，没有兴趣提起集体诉讼"。

1977 年 Illinois Brick 案的主要争议是间接购买人是否可以提起反垄断诉讼。美国最高法院首先再次重申其在 Hanover Shoe 案中的裁决，即被告无权提起溢价转嫁抗辩，同时提出这一原则也同样适用于间接购买人，也就是说间接购买人无权提起溢价转嫁抗辩。这事实上相当于否认了间接购买人的诉讼资格，因为如果间接购买人有提起诉讼的资格，Hanover Shoe 案所确立的禁止转嫁抗辩原则就会被推翻。否则，当直接购买人和间接购买人分别胜诉时，被告可能面临着双重赔偿的风险。在本案中，美国最高法院再次确认了允许间接购买人起诉可能会导致复杂的问题，因为法院需要在现实世界，而非经济学家的理论模型中确定商品价格的构成。间接购买人拥有诉讼资格可能意味着法院需要在诉讼中确定不同供应链层级受到溢价的影响程度。最终，美国最高法院拒绝授予间接购买人诉讼资格，并提出若非如此，反托拉斯三倍损害赔偿诉讼的有效性会极大降低。相比损害赔偿和修复正义的目标价值，美国反托拉斯法更加重视反垄断诉讼的威慑效果。

Illinois Brick 案中的两个主要争议：一是间接购买人是否应当拥有提起诉讼的资格，二是间接购买人之诉是否会损害反垄断诉讼的威慑效果。事实上，在 Illinois Brick 案判决作出之后，美国很多的州都通过州立法推翻了 Illinois Brick 规则，在州的地域范围内授予间接购买人起诉的资格，这些州被称为"伊利诺斯砖废止者"（Illinois Brick repealer）。后续美国最高法院在 California v. ARC America Corp. 案中承认，联邦法并不会优先于这些"伊利诺斯砖废止者"的州法。此外，美国最高法院以及第九巡回法院还提出了"Illinois Brick 规则"的两个例外，即"既存的成本加成合同"和"拥有或控制"。针对"既存的成本加成合同"，如果直接购买人在向违法者支付溢价之前，就与间接购买人签订了成本加成合同，在这种情况下，确定间接购买人是否承受溢价损害并不困难。同样，市场结构和买方的市场地位不会对定价产生较大影响，相比其他定价方法，这种事先签订的成本加成合同的定价方法较为简单。第二种情况"拥有或控制"是指，如果违法者拥有或者控制直接购买人，以至于直接购买人在任何情况下都不会提起反垄断诉讼，此时间接购买人就应当有资格起诉。[1]

（2）从《绿皮书》到《损害赔偿诉讼指令》的发展

在《绿皮书》中，欧盟委员会针对转嫁抗辩及间接购买人的诉讼资格提出了四种可能的选项：①同时允许转嫁抗辩和间接购买人的诉讼资格这种情况下，可能存在的风险是直接购买人因转嫁抗辩而无法获得赔偿，而间接购买人可能因难以证明自身承受损害而无法获得赔偿，因此建议制定规则以减轻间接购买人的举证困难。②同时禁止转嫁抗辩和间接购买人诉讼资格，这样可以激励直接购买人提起诉讼，但是现实中直接购买人是否会提起诉讼存在疑问。③允许间接购买人的诉讼资格，但禁止违法者提起转嫁抗辩，这种情况下违法者可能面临多重赔偿的风险；④允许间接购买人的诉讼资格，在转嫁抗辩中设定两步程序，首先禁止违法者适用转嫁抗辩，然后在直接购买人与间接购买人之间进行损害分配，问题是如何在技术上保障损害分配的公平性。[2]在之后的《白皮书》中，欧盟委员会确认了间接购买人拥有诉讼资格是符合欧盟法院在 Courage and Crehan 案中所提出的"任何个体均有权提起损害赔偿"这一结论的。因此，《白皮书》建议允许被告提起转嫁抗辩，但是证明标准不应低于原告证明损害的标准，间接购买人可以通过一个可反驳的推定证明其承受了溢价转嫁，以减轻其举证困难。[3]《损害赔偿诉讼指令》基本上延续了《白皮书》提出的观点，无论直接购买人还是间接购买人都应当拥有获得完全赔偿的权利，同

---

〔1〕　See Cynthia Urda Kassis, "The Indirect Purchaser's Right to Sue Under Section 4 of the Clayton Act: Another Congressional Response to Illinois Brick", 32 *Am. U. L. Rev.* 1087, 1982~1983, p. 1102.

〔2〕　European Commission, Green Paper Damages actions for breach of the EC antitrust rules, Brussels, 19. 12. 2005, COM（2005）672final, pp. 7~8.

〔3〕　European Commission, White Paper on Damages actions for breach of the EC antitrust rules, Brussels, 2. 4. 2008, COM（2008）165final, pp. 7~8.

时应当避免违法者承担过度赔偿的风险。因此违法者可以在直接购买人之诉中提出转嫁抗辩，为减轻其在这一方面的举证困难，成员国国内法应当允许合理的证据开示。成员国法院在受理相关案件时，应当考量到当事人在供应链中所承受的损害以及同一案件公共执行的情况。

《损害赔偿诉讼指令》第四章涉及间接购买人之诉与转嫁溢价，分别为第 12 条"转嫁溢价和完全赔偿权"、第 13 条"转嫁抗辩"、第 14 条"间接购买人"、第 15 条"供应链不同层级原告的损害赔偿诉讼"以及第 16 条"面向国内法院的指南"。在间接购买人的诉讼资格方面，第 12 条规定，为保障完全赔偿的有效性，成员国应当确保直接购买人和间接购买人都拥有诉讼的权利。[1]同时为避免违法者承受过度赔偿，对供应链中任何一环节的实际损失的赔偿不超过该环节所遭受的溢价损害。成员国应当保证国内法院有权对被转嫁的溢价进行估算。转嫁溢价的举证责任由原告承担，可以通过证据开示要求被告和第三人披露证据。在间接购买人证明溢价转嫁上，第 14 条第 2 款设定了一个可反驳的推定。当间接购买人能够证明以下事实，即可推定其承受了溢价转嫁，除非被告有可信的证据证明溢价没有被转嫁或没有被完全转嫁：①被告实施了违反竞争法的行为；②违反竞争法的行为导致直接购买人承担溢价；③间接购买人购买了违反竞争法的商品或服务，或者购买了由这些商品或服务衍生出的商品或服务。为避免多重赔偿或者赔偿缺位的情况，成员国法院在审理中应当适当考量供应链不同环节购买人针对同一违法行为所提起的损害赔偿诉讼以及公共执行的相关信息。

（3）《损害赔偿诉讼指令》中的可反驳推定

为了减轻间接购买人的举证负担，《损害赔偿诉讼指令》第 14 条第 2 款在因果关系和溢价是否存在方面设定了一个可反驳的推定，若间接购买人能够证明：（1）被告违反竞争法；（2）违反竞争法的行为导致直接购买人支付了溢价；（3）间接购买人购买了违法行为客体的商品或服务，或者

---

〔1〕《损害赔偿诉讼指令》中直接和间接购买人诉讼资格的规定同样适用于处于违法经营者上游的直接和间接供应者。

购买了由其衍生或包含其在内的商品或服务，则可被视为证明其承受了溢价转嫁。若被告能以可信的方式向法院证明，溢价没有或者没有全部转嫁给间接购买人，则上述退定不适用。这一推定主要基于以下两个理由：……一是间接购买人（特别是最终消费者）承受溢价损害的可能性较高，二是最终消费者举证的困难度较高。

首先，关于间接购买人（特别是最终消费者）承受溢价的可能性这一问题，在过往的文献中已经被多次讨论，其中最经典的是 Landes/Posner 于 1979 年发表的《在反托拉斯法中是否间接购买人拥有诉讼资格？伊利诺斯砖规则的经济分析》，以及 Harris/Sullivan《转嫁垄断溢价：一个综合政策分析》一文。[1] Landes/Posner 估算直接购买人大约承受了 10% 的溢价，相比之下间接购买人所承受的溢价仅占 1%，可被视为"一个可忽略的涨价"。相反，Harris/Sullivan 反对 Illinois Brick 案所提出的违法行为仅影响间接购买人的"微小利益"，并提出无论理论中还是现实中间接购买人都承受了最多的溢价。Harris/Sullivan 在其文章中探讨了在利润最大化、成本加成/加成定价法的情景下中间商的定价结构。简单总结其结论，在理论最大化的前提下，是否中间商会将溢价传导到下游，取决于①是否溢价构成一个固定或可变成本；以及②中间商的需求、供给弹性。供给弹性决定了是否会发生转嫁，需求弹性影响转嫁溢价的数额。他们进一步讨论了在垄断市场中，中间商需求弹性、供给弹性与成功的横向协议之间的关系，并指出横向协议的利润产生于中间商缺乏需求弹性。在这种情况下，只有两种极端的情景可能不会导致溢价转嫁，即需求的完全弹性与供给的完全无弹性。此外，考量到横向协议和之后反托拉斯诉讼的持续时间较长，对弹性的估计也不能仅停留在短期。长期看来，市场参与者可能有更多的机会寻找替代或者改变其商业策略，供给和需求弹性在长期趋向于富有弹

---

[1]　See William M. Landes and Richard A. Posner, "Should Indirect Purchasers Have Standing to Sue under the Antitrust Laws? An Economic Analysis of the Rule of Illinois Brick", *The University of Chicago Law Review*, Vol. 46, No. 3 (Spring, 1979), pp. 617; Robert G. Harris and Lawrence A. Sullivan, "Passing on the Monopoly Overcharge: A Comprehensive Policy Analysis", *University of Pennsylvania Law Review* Vol. 128 No. 2 1979, pp. 269~360.

性。因此，在利润最大化的情况下，无论是短期内还是长期看来，间接购买人（特别是最终消费者）很有可能承受了溢价损害。在实践中，经营者在具体定价时往往没有直接考量利润最大化。但是，只有当定价行为与利润最大化的目标相符时，才可以在竞争性的市场中生存下来。Harris/Sullivan 也分析了实践中的定价方法，诸如成本加成定价时，间接购买人承受溢价损害的可能性同样很高。在这种情况下，长期来看市场竞争会强制经营者将溢价转嫁。

其次，在举证责任上，直接购买人通常是重复购买者或者违法者的合作伙伴，相比间接购买人在获取证据上更为容易。但这一观点难以合理化剥夺间接购买人诉讼资格的论点，因为事实上可以通过其他程序性工具减轻间接购买人的举证困难，如证据开示制度能够缓解诉讼中的信息不对称。《损害赔偿诉讼指令》第 14 条第 2 款"间接购买人损害的推定"同样有助于减轻间接购买人的举证困难。

3. 转嫁理论：证明因果关系和溢价的存在

针对违反欧盟竞争法的限制性协议，直接购买人和间接购买人均可以向国内法院提起确认协议违法之诉（《欧盟运行条约》第 101 条第 2 款）或者要求损害赔偿。在 Manfredi 案中，欧盟法院确认，违反竞争法的行为与损害后果之间的因果关系应当被视为个体提起非合同之诉的前提，因果关系的认定应由成员国在国内法中制定相应的规则。[1] 在指令颁布之前，英国、奥地利等成员国均要求原告证明存在一个直接的因果关系，其他成员国并没有在直接因果关系上有特定规定。[2]

根据《损害赔偿诉讼指令》的规定，在间接购买人诉讼中，如果原告成功地证明第 14 条第 2 款中的推定条件，就需要被告（违法者）证明存在其他可能性会导致间接购买人不曾承受溢价损害。被告可能会提出反驳

---

[1] Joint Cases C-295/04 to C-298/04, Manfredi and Others [2006], ECR I-06619, para 61.

[2] Denis Waelbroeck, Donald Slater, Gil Even-Shoshan, Study on the Conditions of Claims for Damages in case of Infringement of EC Competition Rules, Ashurst Report, Comparative Report, Brussels, 2004, p. 72.

理由，诸如横向协议并未产生溢价或者损害是由其他因素所造成的。参考传统侵权法对因果关系的认定，在反垄断诉讼中证明因果关系需要认定中间商价格的上涨是源于横向协议，而非其他因素，即"若非测试"（but-for test）。因此中间商的成本结构对于认定因果关系和损害均具有重要意义。从经济分析的角度出发，在反垄断诉讼中，因果关系的证明往往决定了损害证明与损害计算。

在认定因果关系以及判断溢价转嫁方面，总结判例中的经验（Spanish sugar cartel 等案[1]），一些基本问题需要在审理中被确定。首先，法院应当审视供应链的结构，包括界定直接购买人、其他中间商和最终消费者的范围。直接购买人和其他中间商均有能力向下游传导溢价。深入分析供应链结构组成在诉讼中是关键的，因为购买人的定价策略可能因其所处供应链环节不同而有所不同。通常来说，零售商的定价策略可能是在发票价格中增加一个固定的加成。而如果购买人是生产商，其购买是为了进一步生产，转嫁溢价就可能取决于多项因素，诸如固定或可变成本、需求或供给弹性。

其次，一定条件下，转嫁概率是能够被粗略估算的。这种粗略估算对于援引或反驳转嫁抗辩，或者是促使原被告之间达成和解具有一定意义。在美国集团诉讼的认可程序阶段（Certification stage），需要由专家证人认定一般证据的影响力以及计算损失的方法。在粗略估算中，税收归因理论（the tax incidence theory）是一个常用的工具。[2] 该理论通过对市场中弹性的计算，可以分析出在一个完全竞争的市场中，税收如何在生产者和销售者之间进行分配，用来类比溢价转嫁。Harris/Sullivan 对溢价是否会转嫁进行了详细的研究，在两个极端的情形中，溢价不会被转嫁，一是在完全竞争市场中，需求完全具有弹性，中间商没有涨价空间，涨价会导致中间

---

〔1〕 See Francisco Marcos, "Damages claims in the Spanish sugar cartel", *Journal of Antitrust Enforcement*, 2015, 3, pp. 205~225.

〔2〕 See Chris S. Coutroulis, D. Matthew Allen, "The Passing-on Problem in Indirect Purchaser Class Litigation", 44 Antitrust Bull. , 1999, 180, p. 184.

商失去所有的顾客。[1]在这种情况下横向协议难以盈利，因为中间商所处市场中需求富有弹性可能致使生产商市场中需求也富有弹性。二是在供给完全无弹性的情况下，中间商不能改变产出，以至于无法改变价格，当然现实中这种情况存在的可能性较小。但是，基于现有间接购买人之诉的判例，关于税收归因理论是否具有可信度，在美国同时存在支持和质疑的观点。支持的观点认为该理论对于认可程序阶段具有足够的说服力，有助于证明溢价转嫁的存在。质疑的观点主要怀疑税收归因的实际效果，因为其理论基础是构建在一个完全竞争的市场上，而真实的市场运行与专家所构建的假设模型相差过大。对于真实市场中的定价行为，Harris/Sullivan 提出估计转嫁率的五类因素，包括时间因素、定价因素、成本因素的直接性、供给因素和需求因素。[2]具体来说，价格变化的频率和横向协议的持续期分别决定了溢价转嫁的频率和可能性。当中间商使用一个固定的价格加成时，转嫁率可能为 100%；反之，当横向协议所涉及的商品在很大程度上决定了中间商的价格制定时，在短期内转嫁率有可能低于 100%。初始溢价构成直接成本（生产成本）还是间接成本（诸如运输成本），也可能会影响转嫁率的高低及变化。最后，需求弹性和供给弹性毫无疑问是非常重要的，因为其意味着在市场中是否容易找到替代。例如当中间商在成本加成合同之下以固定的价格加成和固定的数量购买了协议所涉及的产品，溢价转嫁就更有可能性。或者如果中间商产品的需求是缺乏弹性的，而横向协议所涉及的产品的价格仅占中间商产品成本的一个很小比例，溢价就更有可能被转嫁到最终消费者。中间商的市场力量同样是重要的。一般来说，若横向协议是由生产商所订立的且该协议成功地导致了反竞争效果，中间商和最终消费者可能缺乏对抗的市场力量。但是如果最终消费者（或者用户）有很强的市场力量，溢价就有可能被中间商所吸收。此外，除了

---

[1] Robert G. Harris and Lawrence A. Sullivan, "Passing on the Monopoly Overcharge: A Comprehensive Policy Analysis", *University of Pennsylvania Law Review* Vol. 128 No. 2 1979, pp. 269~360.

[2] Robert G. Harris and Lawrence A. Sullivan, "Passing on the Monopoly Overcharge: A Comprehensive Policy Analysis", *University of Pennsylvania Law Review* Vol. 128 No. 2 1979, pp. 269~360.

上述五个因素，中间商的定价策略也应当在诉讼中被考量，例如在零售市场中，除了基本的"发票价格加成"定价，还存在其他各种定价策略，诸如"每日低价""高低定价"和"削价出售"等。生产者的促销同样影响价格制定，特别是当同一生产者生产多种产品，其可能将成本分摊到多个产品中。中间商过往的定价策略也可以作为一个重要的参照。[1]

4. 间接购买人所承受溢价的证明与计算

《损害赔偿诉讼指令》第 3 条确认了反垄断诉讼中的损害赔偿应当包括实际损失、预期利润损失以及利息。直接购买人是最先承受溢价的受害人。如果该产品被转售或者作为原材料、半成品用于生产其他产品并用于销售，这种溢价就可能被传递到下游，即"溢价转嫁"。这种溢价构成购买人（或供应商）所承受的实际损失或直接损失（damnum emergens）。另外，限制性协议所带来的产量或销量降低会导致购买人承受潜在的利润损失。无论是否存在溢价，这种利润损失都会出现。

（1）溢价的证明

为了缓解原告在损害上的举证困难，《损害赔偿诉讼指令》提供了两项政策工具，一是针对横向协议所导致的损害的可反驳推定（第 17 条第 2 款），二是在转嫁抗辩的证明上设定一个可反驳推定（第 14 条第 2 款）。

第一，横向协议的损害推定。第 17 条第 2 款推定横向协议导致损害，除非被告可以提出相反的证据。一些统计数据可以支持这一推定规则，根据欧盟的统计，自 1960 年以来近 93% 的横向协议会导致溢价。[2]在横向协议的损害证明上设定一个可反驳的推定，主要是基于横向协议本身的隐蔽性，原告举证相对困难。而被告作为横向协议成员，往往拥有大量关键证据，因此由被告主动提出相反事实更为合理。

第二，转嫁抗辩上的推定。《损害赔偿诉讼指令》允许违法者和间接

〔1〕　Robert G. Harris and Lawrence A. Sullivan，"Passing on the Monopoly Overcharge：A Comprehensive Policy Analysis"，*University of Pennsylvania Law Review* Vol. 128 No. 2 1979，pp. 269~360.

〔2〕　Assimakis Komninos et al.，Quantifying antitrust damages：towards non-binding guidance for courts，Dec. 2009，available at：https://www.oxera.com/wp-content/uploads/2018/03/Quantifying-antitrust-damages-3.pdf，最后访问日期：2022 年 3 月 12 日。

购买人将"溢价转嫁"作为"矛"和"盾"来进行使用，间接购买人可以因承受了"溢价转嫁"而向违法者提起诉讼（发挥"矛"的功能），同时违法者也可以将"溢价转嫁"作为针对直接购买人的抗辩（发挥"盾"的功能）。《损害赔偿诉讼指令》第四章规定了"溢价转嫁"的相关规则，旨在保障直接和间接购买人都能获得完全赔偿，同时不会出现违法者过度赔偿的情况。第13条允许违法者针对直接购买人援引"转嫁抗辩"，以防止重复赔偿，第14条允许间接购买人将"溢价转嫁"作为有证明力的证据使用，以证明其承受了来自上游供应链传导而来的损害。首先，被告针对直接购买人援引转嫁抗辩意味着被告需要证明直接购买人将"溢价"转嫁给间接购买人，这里的举证责任由被告承担。但是《损害赔偿诉讼指令》要求成员国修改国内法，保障被告能够合理地从原告或者第三人处获得转嫁相关的证据。其次，如果间接购买人可以证明以下事实，则成员国法院可以推定"溢价"被转嫁给了间接购买人：①被告实施了一项违反竞争法的行为；②违反竞争法的行为导致被告的直接购买人承受了溢价；③间接购买人所购买的商品或服务属于上述违法行为的标的，由它们衍生或包含它们。根据第17条第2款，如果直接购买人承受的是来自横向协议的损害，基于可反驳的推定，间接购买人作为原告无需证明上述第2项，由被告举证证明横向协议没有产生损害。此外，第14条还规定，如果被告能够证明溢价并未转嫁给间接购买人，上述条款不再适用。

（2）溢价的计算

美国最高法院在 Hanover Shoe 案中提出计算溢价对于司法系统来说是一个较难的议题。有学者描述道，无论是在美国、英国、法国或德国，都不存在相关的判例，法院成功计算或估算了转嫁到中间购买人身上的溢价。[1]在过去的几十年，相关文献尝试使用经济学和计量经济学的工具计算溢价。Hellwig（2006年）区别了因成本价格上涨而导致中间购买人利润变化所产生的三种不同的效果，包括每单位收入、商业损失效果和成本效

---

〔1〕 See Friedrich Wenzel Bulst, Private Antitrust Enforcement at a Roundabout, European Business Organization Law 7（2006）, pp. 725~746.

果。[1] Verboven/van Dijk（2009 年）尝试研究在三层供应链中直接购买人所承受的溢价，基于竞争情况与市场份额，计算了欧洲维生素卡特尔案中 premixers 所承受的溢价的折扣。[2] Boone/Müller（2012 年）构建了资格模型以计算三层供应链中最终消费者所承受的溢价。[3] 他们建议这样的三层模型可以适用于四层或更多层的供应链。

2013 年，欧盟委员会通过了《欧盟委员会关于违反欧盟运行条约第 101 条和第 102 条的损害赔偿诉讼中计量损害的通告》（以下简称《计量损害的通告》）和一份详细的《欧盟委员会关于违反欧盟运行条约第 101 条和第 102 条的损害赔偿诉讼中计量损害的人员工作文件实践指南》（以下简称《实践指南》），为个人或成员国法院提供了计算损害的基本方法和技术。[4]《实践指南》关注两类主要的损害：一是由卡特尔或者剥削性滥用行为所导致的溢价损害，二是排他性滥用行为所导致的损害。如上所述，在完全赔偿原则下，原告可以要求的赔偿包括实际损失、利润损失和利息。完全赔偿目的在于修复受害人所承受的损害，使其恢复到违法行为出现前的状态，因此基本的损害计算方法是将未发生违法行为时受害人的状态列为参照进行比较，即设定一个违法行为不存在的情景（反事实情景）。可以选择同一市场、相似地域市场或相似商品市场作为比较的参照

---

〔1〕　See Hellwig, Martin F., Private Damage Claims and the Passing-On Defense in Horizontal Price-Fixing Cases: An Economist's Perspective (September 2006). MPI Collective Goods Preprint No. 2006/22.

〔2〕　See Frank Verboven, Theon van Dijk, "Cartel Damages Claims and the Passing-on Defense", *The Journal of Industrial Economics*, Vol. 57, No. 3 (Sep., 2009), pp. 457~491.

〔3〕　See Jan Boone and Wieland Müller, "The Distribution of Harm in Price-Fixing Cases", *International Journal of Industrial Organization* 30 (2012), pp. 265~276.

〔4〕　反垄断损害赔偿诉讼中损害赔偿计算应以成员国国内法为准，遵循同等原则和有效原则，包括证明标准、数额的精确程度、举证责任等问题由成员国法决定。Communication from the Commission on quantifying harm in actions for damages based on breaches of Article 101 or 102 of the Treaty on the Functioning of the European Union, 2013/C 167/07; Commission staff working document practical guide quantifying harm in actions for damages based on breaches of article 101 or 102 of the Treaty on the functioning of the European Union accompanying the communication from the commission on quantifying harm in actions for damages based on breaches of article 101 or 102 of the Treaty on the functioning of the European Union, Strasbourg, 11. 6. 2013 SWD (2013) 205.

情景。在选定参照情景时，首先应当比较同一市场中受害人在违法行为发生前后的状况。如果无法在同一市场进行比较，可以选择相似地域市场或相似商品市场作为参照物进行比较。不同的方法有其特点、要求以及优劣势，成员国法院应当根据是否存在足够数据进行选择。对损害进行精准计算几乎是不可能的，因为反事实情景是基于假想而建立的，具有相当程度的不确定性。在假想的市场中，对价格、销量和利润率进行估算都是困难的。因此《实践指南》仅提供近似的估算方法。此外，《实践指南》也规定了其他替代方法，例如模拟模型（simulation models）、基于成本和基于财务的方法以及一些数据统计的技术，诸如回归分析。

2019 年，欧盟委员会又发布了《针对国内法院计算转嫁到间接购买人的溢价份额的指南》（以下简称《溢价转嫁指南》）[1]，对溢价的计算进行了详尽的规定。《溢价转嫁指南》建议在计算溢价时，同时考量"价格效应"与"数量效应"。"价格效应"是基于商品价格上涨所导致的溢价，而"数量效应"是指因商品数量减少而导致的利润损失。

在溢价的计算方法上，《实践指南》提供两种方法，可以进行交叉比对适用：一是比较真实价格与若非价格，二是估计转嫁率。第一种方法是溢价可以通过间接购买人所支付的价格和无违法行为时商品的价格之差来进行计算。第二种方法是基于初始溢价和转嫁率进行计算，转嫁率是间接购买人所在供应链环节的转嫁率。一般来说，一个特定的行业都拥有特定的定价标准和定价策略。因此，在计算溢价时需要大量详细的信息和数据，例如横向协议所涉及的产品用于转售，假设三层供应链包括生产者、零售商和消费者，零售商的价格一般是基于发票价格加一个固定的加成。在计算溢价时，需要分别计算横向协议之前和之后的发票价格以及加成数额。在缺乏相应数据时，可以将相似市场中的价格作为参照指标。如果有足够的数据，计量经济学的工具可以用来计算零售层面的弹性和转嫁率。两种方法交叉比对可以得出一个更加准确的结论。另外，如果横向协议所

---

〔1〕 COMMUNICATION FROM THE COMMISSION Guidelines for national courts on how to estimate the share of overcharge which was passed on to the indirect purchaser, OJ C267/4, 2019.

涉及的产品用于再次生产，除了转嫁率，计算该产品的价格占最终产品的比例以及是否其他产品的成本要素有变化就更为重要。在西班牙糖卡特尔中，西班牙法院采用了一个基于成本的计算方法，甜菜价格在糖的成本中占 58%，而该案考量了卡特尔前后市场中甜菜价格和其他成本要素的价格变动情况。[1]

当然，两种方法都具有一定的缺陷，一方面，对弹性的计量分析需要大量数据，在很多案件中难以获得；另一方面，选择一个市场作为参照物或者定义横向协议的准确实施期限有时也是困难的。例如在德国水泥卡特尔中，法院任命的专家与被告聘请的专家在如何确定参照时期上存在较大差异，被告聘请的专家认为，横向协议之后价格战存在逐步弱化的现象，影响了参照时期的选择，由此建议延长逐步弱化期。[2]遗憾的是德国法院在本案中并未采取另一种方法进行交叉比对。

《溢价转嫁指南》提出在判断转嫁是否存在时，应当考量：①溢价的性质；②直接或间接购买人所面临的产品需求性质（特别是需求与价格水平之间的关系）；③直接或间接购买人所在市场的竞争强度；④诸如企业成本中受到溢价影响的比例、买方力量、直接或间接购买人的垂直整合、价格管制以及定价时间等因素。溢价的性质决定了溢价是否以及如何被转嫁。如果溢价构成固定成本，在短期内可能不会被转嫁，但是长期仍有可能影响企业的定价策略。如果溢价构成可变成本，在短期内被转嫁的可能性更高。直接购买人所在市场的需求弹性以及竞争强度会影响转嫁水平。

针对"价格效应"的考量，可以通过"前—中—后分析法""跨地区分析法""双重差分法"（difference-in-difference approach）等方法对违法行为所带来的成本上升进行计算。其中"前—中—后分析法"是比较违法行为实施前、实施过程中以及实施后同一市场上目标商品价格的波动情

---

〔1〕　See Francisco Marcos, "Damages claims in the Spanish sugar cartel", *Journal of Antitrust Enforcement*, 2015, 3, pp. 205~225.

〔2〕　Niels Frank, Rainer P. Lademann, "Economic Evidence in Private Damage Claims: What Lessons can be Learned from the German Cement Cartel Case?", *Journal of European Competition Law & Practice*, 2010, Vol. 1, No. 4, pp. 360~366.

况，优势在于基于同一市场中价格的估算，不需要考量不同市场存在的差异。"跨地区分析法"是将违法行为所在的地域市场中的商品价格与一个相似的地域市场中的价格进行比较。"双重差分法"是将"前—中—后分析法"与"跨地区分析法"相结合，同时比较在不同时间段内以及不同地域市场中因违法行为所导致的价格差异。"数量效应"是以价格上涨带来的数量降低幅度和反事实利润率来进行计算的。[1]

（3）避免双重赔偿的措施

Harris/Sullivan（1979）对"双重责任"（the duplicative liability）和"过度责任"（the excessive liability）两个概念进行了区分。[2]他们将"双重责任"界定为违法者所承担的责任源自在供应链上同一个直接购买人的两层或多层购买人同时要求损害赔偿。而"过度责任"是指被告所承担的高于法律所规定的赔偿责任。在欧盟《损害赔偿诉讼指令》当中使用的是"多重责任"（the multiple liability）这一概念，但是却没有明确界定其含义。为了表述的准确性，下文将使用"双重责任"这一概念。毫无疑问，对双重责任的担忧是建立在当前非常有限的间接购买人之诉上。间接购买人之诉导致双重责任，被一些文献描述为一种不切实际的"幻想"，认为这种情形不会出现在司法实践中。[3]部分文献进一步指出，即使双重责任是不可避免的，其与威慑目标和赔偿目标也是相一致的。[4]

一些观点提出，《损害赔偿诉讼指令》第 14 条第 2 款可能增加双重责任的风险，特别是在违法者既无法对直接购买人成功适用转嫁抗辩，也无

---

〔1〕例如在 Cheminova 案中法院将反事实利润率与损失的销量相乘，计算得出"数量效应"所带来的利润损失。COMMUNICATION FROM THE COMMISSION Guidelines for national courts on how to estimate the share of overcharge which was passed on to the indirect purchaser, OJ C267/4, 2019, 6. 1. Maritime and Commercial High Court, case SH2015. U‑0004‑07, Cheminova A/S v Akzo Nobel Functional Chemicals BV et al, 2015. 1. 15.

〔2〕See Robert G. Harris and Lawrence A. Sullivan, "Passing on the Monopoly Overcharge: A Comprehensive Policy Analysis", *University of Pennsylvania Law Review* Vol. 128 No. 2 1979, pp. 269~360.

〔3〕See John E. Lopatka, William H. Page, "Indirect Purchaser Suits and the Consumer Interest", 48 *The Antitrust Bulletin*, 2003, pp. 531~570.

〔4〕See Schaefer, Elmer J., "Passing‑on Theory in Antitrust Treble Damage Actions: An Economic and Legal Analysis", *William and Mary Law Review* Vol. 16: 883, pp. 883~936.

法反驳间接购买人所提出的溢价已经转嫁到下游的推定。[1]基于间接购买人之诉有限的判例,很难明确地验证这种风险是否存在。事实上,一些程序性工具能够有效缓解双重责任的风险,诸如直接购买人和间接购买人的合并诉讼、既判力或禁反言等。现行欧盟《损害赔偿诉讼指令》制定规则要求成员国保证国内法院在审理同一违法行为时,必须考量先前的诉讼程序及判决,以避免双重责任。《理事会关于民事和商事事项的管辖权和判决的承认与执行的第 44/2001 号条例》规定了成员国法院对其他成员国法院判决效力的承认。[2]另外,如果将直接购买人与间接购买人的诉讼合并,可以有效防止不同法院的判决之间发生冲突以及避免双重责任的发生。此外,中间购买人可能拥有关于溢价是否转嫁的大多数证据,因此将直接购买人与间接购买人诉讼合并可以帮助法院更清楚地查明事实并且分配赔偿。除上述工具以外,德国的诉讼告知制度和学者提出的合并损害报告也有助于解决直接购买人和间接购买人在诉讼中的利益分配问题。

为了减轻双重责任的风险,德国联邦最高法院(Bundesgerichtshof)建议将"诉讼告知"(Streitverkündung)作为一个可用的工具。德国联邦最高法院解释道:"由于卡特尔的溢价转嫁是不确定的,违法者可以通过诉讼告知以防止双重诉讼……通常情况下,如果直接购买人在诉讼中获胜,间接购买人声称直接购买人之诉存在错误,其也是受害人,应当被给予诉讼权利……诉讼告知的目的在于避免涉及不同原告基于同一事实的不同判决。"[3]依据诉讼告知,如果直接购买人提起诉讼,间接购买人可以通过

---

〔1〕 See Andreas Heinemann, "Access to Evidence and Presumptions‐Communicating Vessels in Procedural Law", in: Hüschelrath and Schweitzer (eds.), Public and Private Enforcement of Competition Law in Europe: Legal and Economic Perspectives, (Springer‐Verlag Berlin Heidelberg 2014), p. 188; Mario Siragusa, "Private Damage Claims – Recent Developments in the Passing – on Defence", in: Hüschelrath and Schweitzer (eds.), Public and Private Enforcement of Competition Law in Europe: Legal and Economic Perspectives, (Springer‐Verlag Berlin Heidelberg 2014), p. 314; Erika Rittenauer, Katharina Brückner, "Sonderschadenersatzrecht für Kartellgeschädigte? Der Richtlinienvorschlag der Europäischen Kommission zu Schadenersatzklagen im kartellrecht", wbl 28, 2014, p. 308.

〔2〕 Council Regulation (EC) No 44/2001 of 22 December 2000 on jurisdiction and the recognition and enforcement of judgments in civil and commercial matters, OJ L 012, 16.01.2001.

〔3〕 BGH, Urt. v. 28.06.2011‐KZR 75/10, para 73.

诉讼告知加入诉讼，反之亦然。德国联邦最高法院同样指出，当被告对远端购买人不知情，或者当远端购买人是最终消费者，人数众多，诉讼告知可能会失灵，可能出现无转嫁溢价、转嫁溢价过小或者转嫁溢价过于分散三种情况。基于利益考量，被告和间接购买人可能均不愿意通知直接购买人参与诉讼，强制的合并诉讼可能可以解决这一问题。[1]这种强制的合并诉讼也存在于部分成员国的法律体系中，例如德国《证券法》有针对投资者的示范诉讼（Musterfrage model），将基于同一法律或事实问题而提起的诉讼合并在一起，法院通过公示的方式召集原告，之后所有的诉讼会被合并审理。

Schinkel/Rüggeberg（2006）提出了"合并损害报告"，作为解决双重责任的程序性工具。[2]由竞争执法机构如欧盟委员会和成员国执法机构制作合并损害报告，并且竞争执法机构依据《第1/2003号条例》第15条第3款在审判中发挥法庭之友的作用。具体来说，在由一个或多个购买人提起的诉讼中，国内法院认定违法行为和责任之后，竞争执法机构可以递交一个合并损害报告作为计算和分配损害方面的书面意见，或者可以聘任专家团队评估供应链中的转嫁率。但是关于合并损害报告也存在两个疑问，一是合并损害报告是基于竞争执法机构比国内法院更加了解案件事实及溢价在供应链中的传导情况这一假设。若这一假设不成立，或者若竞争执法机构所拥有的信息是不完全的，合并损害报告就难以保持其准确性。二是合并损害报告在诉讼中的证明效力应如何认定。若成员国竞争执法机构向法院提交的书面观点对于国内法院的审理没有法律约束力。如果一些法院接受了合并损害报告，另一些法院拒绝接受，双重责任仍然可能出现。当然，倘若上述问题可以被解决，合并损害报告对于便利损害计算、

[1] See Christian Kersting, Sebastian Dworschak, "Zur Anspruchsberechtigung indirekter Abnehmer im Kartellrecht nach dem ORWI-Urteil des BGH-Zugleich Besprechung von BGH, Urteil v. 28. 6. 2011 - KZR 75/10", JZ 15/16/2012, p. 780.

[2] See Maarten Pieter Schinkel, Jakob Ruggeberg, "Consolidating Antitrust Damages in Europe: A Proposal for Standing in Line with Efficient Private Enforcement", *World Competition: Law and Economics Review* 29. 3 (2006), pp. 395~420.

避免双重责任就能产生较大作用。

（三）竞争者和新进入者

1. 概述

在完全赔偿原则下，竞争者自然拥有提起反垄断诉讼并获得损害赔偿的权利。《损害赔偿诉讼指令》显然更重视协议对交易相对人所带来的损害，只有《实践指南》对竞争者可能遭受的损害进行了类型划分，并且提供了计算这些损害的方法。本部分以竞争者和新进入者因排他性滥用行为提起反垄断诉讼为例，讨论竞争者和新进入者在私人诉讼中的证明责任。

2. 违法行为和因果关系的证明

欧盟委员会和成员国执法机构的决定对于后继诉讼具有一定的证明效力，能够极大程度上减轻当事人的举证负担。在后继诉讼中，竞争者作为原告需要针对违法行为、损害以及两者之间的因果关系进行证明。在违法行为的证明上，自《欧盟委员会的通告——关于欧盟委员会在适用〈欧共体条约〉第82条时对拥有支配地位的经营者的排他性滥用行为的执法重点的指南》[1]以来，欧盟在认定滥用支配地位上采取了一个"更经济的路径"（more economic approach），这一指南也为成员国法院提供了一个分析思路。按照滥用支配地位的一般分析思路，首先界定相关市场在诉讼中是非常重要的，界定相关市场是为了"定义所有能约束经营者行为的真实竞争者"。[2]一般来说，相关市场界定的主要方法包括需求替代分析和供给替代分析。其次，在认定支配地位时，需要考量市场份额、市场进入或扩张以及买方的对抗力量。市场份额是认定支配地位的一个关键因素，相关的证据可能来自拥有支配地位的经营者、第三方（诸如顾客、供应商或者行业协会）、专家、专业机构等。还需要考量市场进入或扩张，即分析

---

〔1〕 Communication from the Commission — Guidance on the Commission's enforcement priorities in applying Article 82 of the EC Treaty to abusive exclusionary conduct by dominant undertakings, OJ C45/7, 24. 2. 2009.

〔2〕 See Hedvig K. S. Schmidt, Private Enforcement–Is Article 82 EC special?, in: Mackenrodt, M. - O. /Conde Gallego, B. /Enchelmaier, S. （Eds.）, Abuse of Dominant Position: New Interpretation, New Enforcement Mechanisms?, Springer Berlin Heidelberg, 2008, p. 147.

"现存竞争者在市场中扩张或者新进入者进入市场的潜在影响"。[1]存在的进入障碍，诸如法律障碍、规模经济、沉没成本、网络效应、必需设施的纵向一体化等均应纳入考量。此外，还需要考量在纵向关系中，买方是否拥有足够的对抗力量，包括顾客的规模或商业意义是否足以威慑滥用行为，顾客是否能够转向替代品，顾客在不承担巨额沉没成本的情况下是否能够进入市场或者生产目标商品。[2]最后，在证明被告实施了违反第102条的滥用行为时，原告不仅需要证明被告从事了违法行为，还需要证明被告的行为拥有事实上的或潜在的反竞争效果。在证明标准方面，欧盟初审法院在 British Airways 案中将"反竞争效果"解释为"在此方面证明拥有支配地位的企业的滥用行为意图限制竞争，或者说行为具有或有可能产生此类效果即可"。[3]从该判决来说，原告证明现存的和潜在的排他效果都能够构成案件的证明标准。

3. 损害的证明与计算

（1）竞争者所承受的损害

竞争者因滥用支配地位所承受的损害主要表现为因市场份额/销量下降或者成本上升而导致的利润损失（lucrum cessans）。这一损害具有持续性，自行为造成损害时起累积，直至受害人的市场份额恢复到违法前的状态时止。计算利润损失的基本方法是设定一个无违法状态（反事实情景），将反事实情景下竞争者可能获得的利润与违法状态下竞争者获得的真实利润进行比较。同样，基于可用的数据，也可以通过比较同一市场中违法行为发生前后竞争者所获得的利润，或者将竞争者在违法行为下获得利润的情况与一个相似但不同的地域市场（或商品市场）中类似经营者获得的利

---

〔1〕 COMMISSION Communication from the Commission — Guidance on the Commission's enforcement priorities in applying Article 82 of the EC Treaty to abusive exclusionary conduct by dominant undertakings, OJ C 45/7, para 16.

〔2〕 COMMISSION Communication from the Commission — Guidance on the Commission's enforcement priorities in applying Article 82 of the EC Treaty to abusive exclusionary conduct by dominant undertakings, OJ C 45/7, para 16.

〔3〕 Case T-219/99, British Airways v Commission [2003] ECR II-5917, para 293.

润进行比较。利润损失可以通过预期利润与实际利润的比较来进行计算，而预期利润等于预期收益减去预期成本。在特定情况下，也可以用每单位的平均利润乘以实际单位数来计算预期利润。难点在反事实情景的建立上，因为排他性行为通常会改变市场结构，因此构建一个无违法行为的情景可能是困难的。市场结构的变化可能是复杂的，预测竞争者未来的发展趋势可能会出现偏差。针对这一点，《实践指南》提出可以采取"跨地域分析法"，比较在有排他性效果与无排他性效果影响下，同一阶段相似市场中相似经营者的市场地位的差异。[1]

在排他性效果影响下，竞争者所承受的未来损失可能会一直持续，直到其重返市场或者恢复原来的市场份额。未来损失的额度取决于行为效果的持续期和竞争者预期的利润，其中行为效果的持续期可能在排他效果消失且竞争者重新进入市场，或者恢复正常的商业活动时终止。此外，为了对抗排他性滥用行为，竞争者为此投入的成本构成沉没成本，此类沉没成本属于实际损失，也应赔偿给竞争者。

（2）新进入者所承受的损害

新进入者所遭受的损失可能包括为进入市场而支付的沉没成本以及未来可能获得的利润。通常对于原告来说，沉没成本比未来利润更容易被证明。因为对未来利润的证明需要基于收入、成本等违法前和违法后的数据，而这些数据往往难以收集。《实践指南》建议考虑到此类未来损失的不确定性，由国内法确立实际的规则。

（3）顾客所承受的损害

在部分滥用行为的影响下，一开始顾客可能是受益的，例如掠夺性定价初期市场价格可能会大幅降低。但是这种利益只能维持一段时间，当拥有支配地位的经营者达到其预期的市场份额时，涨价就有可能出现。顾客

---

〔1〕 Commission staff working document practical guide quantifying harm in actions for damages based on breaches of article 101 or 102 of the Treaty on the functioning of the European Union accompanying the communication from the commission on quantifying harm in actions for damages based on breaches of article 101 or 102 of the Treaty on the functioning of the European Union, Strasbourg, 11. 6. 2013 SWD（2013）205, para 199.

可能因滥用支配地位而支付了超竞争的溢价，该溢价可以通过比较无违法状态下的真实价格来进行计算。即使后续没有出现价格上涨的现象，经营者也有可能通过降低商品质量来节约成本，以弥补掠夺性定价期间的损失，质量的下降对于消费者来说同样是一种损害。此外，竞争者的顾客也可能受到损害，其因竞争者被排除出市场而不得不转向拥有支配地位的企业，在此过程中可能支付了超竞争溢价以及转换成本。排他性行为还可能导致供应商以及零部件生产商的损害，具体表现为产量下降所导致的需求降低，供应商和零部件生产商也同样有权要求损害赔偿。

（四）伞形购买人的诉讼资格

横向协议往往会导致商品市场价格的整体上涨，在市场价格上涨之后，市场中的所有同业竞争者，包括横向协议的成员和非成员均获得了一个提高价格的空间，这一现象被称为"伞形效应"（umbrella effect）。非成员的顾客被称为"伞形购买人"（umbrella purchaser），这些伞形购买人也同样可能承受了溢价。

2007年，欧盟委员会对包括 Otis 在内的四家欧洲电梯生产商参与横向协议的行为作出了共计 9 亿 9 千万欧元的处罚。该横向协议是为了保证四家电梯生产商均能以超竞争价格销售其商品与服务。在后继民事诉讼中，作为伞形购买人的奥地利联邦航空公司 ÖBB-Infrastruktur AG，向四家电梯生产商提起损害赔偿诉讼。依据奥地利法，在非合同损害赔偿诉讼中，原告被要求证明"适当的因果关系"（an adequate causal link）。[1] 而伞形购买人所承受的是所谓的"间接损害"，其损害与横向协议之间"适当的因果关系"难以被认定。依据因果关系的判定标准，奥地利上诉法院提出，对损害有责任的一方仅应为其能预见的结果承担赔偿责任，包括由此衍生的意外责任。非成员的涨价行为可能取决于诸多因素，"伞形效应"仅是其中之一。在非成员涨价行为的认定上，上诉法院提出，因伞形效应而涨价的行为本身并不构成违法，其可能源于非成员的独立决策。奥地利法院

---

[1] Case C-557/12, Kone AG and Others v ÖBB Infrastruktur AG [2014], ECLI：EU：C：2014：1317.

之后提起初步裁决程序，请求欧盟法院解释是否卡特尔成员应当为伞形定价承担民事责任。

　　起初，欧盟法院重申了 Courage and Crehan 案以及 Manfredi 案中的结论，任何个人均有权因违反第 101 和 102 条的行为而追求损害赔偿。国内立法应当保障第 101 条的完全有效，不仅仅通过公共执行，也通过私人诉讼。在 Manfredi 案中，欧盟法院明确，诸如如何在反垄断私人诉讼中认定因果关系，应当由成员国国内法所确定，只要符合有效原则和同等原则即可。在本案中，欧盟法院进一步提出建立因果关系的两个前提条件，一是"在本案的情况下，特别是在相关市场的特定方面，卡特尔对第三方（非成员）制定的伞形定价负有责任"；二是"这些条件和特定方面不能被卡特尔成员所忽略"。[1]

　　针对第一个前提条件，证明卡特尔导致伞形价格是特别困难的。以本案为例，电梯生产商参与卡特尔的最大目的是将价格提高到超竞争价格，并且限制产量。在此之下，因市场价格整体上涨，非卡特尔成员也获得涨价机会，无论是源于市场供需的变化，还是非卡特尔成员作为价格接受者，随着市场价格的变动而调整价格。在第一个前提条件下无需考虑非协议成员的主观方面，也不考虑其对于卡特尔的存在是否知情。[2]此外，第二个前提条件要求证明卡特尔成员可以合理预见在特定条件下伞形效应的可能性。欧盟法院的法律顾问 Kokott 倾向于，在这种"合理预见"上设置一个不可反驳的推定，提出"如果卡特尔是伞形定价的原因之一，就有充足理由推定在协议与伞形价格所造成的损害之间具有直接因果关系"。[3]即使一个非卡特尔成员完全独立地作出涨价的决定，其并非意识到卡特尔的存

---

　　〔1〕　Case C-557/12, Kone AG and Others v ÖBB Infrastruktur AG〔2014〕, para 34.

　　〔2〕　See Roman Inderst, Frank P. Maier-Rigaud, Ulrich Schwalbe, "Umbrella effects", *Journal of Competition Law & Economics*, 10（3）, 762; See Hannes Beth, Cora-Marie Printer, "Preisschirmeffekte: Wettbewerbsökonomische Implikationen für kartellrechtliche Bußgeld- und Schadensersatzverfahren", *WuW* 03/2013, pp. 229-232.

　　〔3〕　Case C-557/12, Kone AG and Others v ÖBB Infrastruktur AG〔2014〕（Opinion）, ECLI: EU: C: 2014: 1317, para 43-46.

在，此阶段的涨价也很大程度上受到伞形效应的影响。

在市场中，为了固定价格，卡特尔成员一般是拥有强大市场力量的企业。非卡特尔成员可能是中小竞争者，通常难以对市场价格产生影响。非卡特尔成员在没有意识到协议存在的情况下，在偶然的基础上独立作出涨价的决策也存在可能。价格上涨可能基于需求的增加，诸如由于卡特尔成员的顾客转而向非卡特尔成员进行购买。此外，若卡特尔成员通过邮件或其他方式向非卡特尔成员提供关于协议的信息，在这种情况下需要判断非卡特尔成员的涨价行为是否构成违法。尽管欧盟法院法律顾问 Kokott 在因果关系证明上提议构建一个不可反驳的推定，但是最终欧盟法院仍然对此有所保留，欧盟法院的判决最终采取了一个比较谨慎的态度，"第 101 条应当被解释为，国内规则不应该类别化地排除由于伞形效应而导致损害的经营者的民事责任"。[1] 在伞形效应相关损害的举证责任方面，仍然应该由成员国国内法予以规定。原告首先应证明其承受了由于市场价格上涨所导致的损害，然后再证明卡特尔成员能够预见这种由伞形效应所导致的损害。[2]

（五）欧盟委员会提起民事诉讼的资格

针对同一电梯卡特尔，2008 年欧盟委员会作为欧洲联盟的代表，在奥地利法院向四家电梯制造商提起损害赔偿诉讼，基于包括欧洲联盟理事会、欧洲议会、欧盟委员会、欧洲经济及社会委员会等位于比利时和卢森堡的各种建筑物中的电梯均由四家电梯厂商进行安装、维修和更换这一事实。[3] 本案的争议在于欧盟委员会作为欧盟的代表是否具有诉讼资格，以及鉴于欧盟委员会是本案的公共执行机构，由其提起诉讼是否违反"不得自认

---

〔1〕 Case C‑557/12, Kone AG and Others v ÖBB Infrastruktur AG〔2014〕, ECLI：EU：C：2014：1317, para 17, 19.

〔2〕 See Michael Stöber, "Schadensersatzhaftung für Preisschirmeffekte bei Verstößen gegen deutsches oder europäisches Kartellrecht", *EuZW*7/2014, p. 261；Alexander Fritzsche, "Jedermann kann Anmerkungen zum Kone‑Urteil des EuGH（Rs. C‑557/12）zum Schadensersatz bei kartellbedingt eintretenden Preisschirmeffekten", *NZKart* 11/2014, pp. 430~431.

〔3〕 Case C‑199/11, Otis and Others〔2012〕, ECLI：EU：C：2012：684.

裁判官"原则（nemo judex in sua causa）以及平等武装原则（the equality of arms）。

欧盟委员会既是作出行政处罚的执行机构，又是提起民事诉讼的原告，是否会违反"不得自认裁判官"原则。作为欧盟竞争法的公共执行机构，欧盟委员会具有独特的地位，《第1/2003号条例》第16条规定，为保持共同体竞争法的一致适用，国内法院应当避免采用一个可能与欧盟委员会决定相冲突的判决。欧盟委员会与国内法院之间的合作对于欧盟竞争法的公共执行至关重要。但是，这种合作机制会使本案的被告在诉讼中处于极度不利的地位。

在初步裁决程序中，欧盟法院确认了欧盟委员会提起诉讼的资格。根据《欧盟运行条约》第335条的规定，在每个成员国，欧盟都享有最广泛的主体资格，能够取得和处分动产与不动产，并可以成为法律诉讼的一方。为实现这一目的，欧盟委员会代表欧盟及其机构提起诉讼。欧盟委员会的这种代表权仅限于在法律诉讼中，在具体的行政活动中仍由欧盟各机构遵循行政自治。因此，在本案中，虽然相关买卖合同是由欧盟各机构分别与电梯制造商订立的，执行合同的预算也属于各机构的职权范围，但根据条约的规定，应由欧盟委员会作为代表提起诉讼。因此，欧盟法院引用Courage and Crehan案以及Manfredi案中的结论，当违反《欧共体条约》第81条第1款（现第101条第1款）的协议或行为与损害之间存在因果关系，任何人都可以主张赔偿。法院进一步指出，上述结论也同样适用于欧盟承受损害的情形。

针对欧盟委员会的处罚决定对成员国法院的约束力，是否会影响法院裁决的独立性与公正性这一问题。欧盟法院首先提出，欧盟法院自身对欧盟机构决定的司法审查可以有效保障欧盟机构决定的合法性。在欧盟法中，针对欧盟委员会决定的司法审查是欧盟法院的管辖事项，欧盟法院对该事项拥有独家管辖权。这种司法审查包括对欧盟委员会处罚决定的合法性进行审查，也包括主动开展评估，对罚款的数额进行调整。成员国法院无权改变欧盟委员会对案件的决定，也无权宣布欧盟委员会的决定无效。

同时，成员国法院也不得作出与欧盟委员会决定相抵触的裁决，这是成员国法院与欧盟委员会、欧盟法院之间权力划分的具体体现。欧盟法院否认这种权力划分会剥夺被告在民事诉讼中获得有效救济和公平审判的权利（《欧盟基本权利宪章》第47条）。为实现被告的上述权利，成员国法院以及本案被告都可以主动要求欧盟法院对欧盟委员会处罚决定进行司法审查。此外，民事诉讼中因果关系的认定以及损害的确定与计算，仍然由成员国法院依据国内法来进行裁决。

在本案中，被告还提出欧盟委员会作为原告，违反了平等武装原则，尤其是在证据的获取方面。平等武装原则是公平审判的前提，意味着向诉讼中的各方当事人提供合理的机会，使其在陈述事实和举证的过程中不会处于劣势地位。欧盟法院提出，欧盟竞争法中的三个程序性工具能够有效避免双方的武装不平等：一是欧盟委员会在公共执法程序中获得的证据不能用于调查以外的目的（《第1/2003号条例》第28条第1款）；二是欧盟委员会与成员国法院的合作机制对欧盟委员会向成员国法院进行证据披露的范围进行了限制，例如涉及共同体利益或者宽大声明的证据被禁止向成员国法院进行披露；三是欧盟委员会及其工作人员在职责终止后，仍然负有保密的义务（《欧盟运行条约》第339条）。事实上在本案中欧盟委员会也辩称其负责竞争执法与提起民事诉讼的是两个独立的部门，负责竞争执法的是竞争总司，而提起民事诉讼的是位于布鲁塞尔和卢森堡的"基础设施和物流"办公室，该办公室没有权力查阅竞争总司的机密文件。

三、诉的类型和救济方式

除了损害赔偿之外，欧盟反垄断私人诉讼的救济方式还包括禁令救济、认定协定无效以及恢复原状。首先，《欧盟运行条约》第101条第2款规定了违反该条的民事后果："任何协议或者经营者协会的决定被第101条第1款所禁止并且不能获得第101条第3款的豁免是自动无效的。"欧盟法院在 Béguelin Import Co. v S. A. G. L. Import Export 案中确认了"（限制性协议的）无效……是绝对的，协议在缔约双方之间没有效力，也不能对抗第三方"。[1] 无效规则"可以被任何人援引"。[2] 第 101 条第 2 款可被视为受害人的"剑",用来终止限制性协议,即"第 101 条第 2 款的攻击性适用"[offensive use of Article 101(2)]。[3] 该款也可以被未能遵守纵向协议的经销商所援引,要求法院认定其与生产商所签订的限制性协议无效,即"第 101 条第 2 款的防守性适用"[defensive use of Article 101(2)]。此外,尽管条约并未明确规定,但违反第 102 条的协议也会以同样的方式被认定为无效。协议无效的法律后果应由国内法确定,但须满足同等原则和有效原则。

其次,如果协议无效,原告可以进一步要求被告返还利益(包括不当得利),或者要求恢复原状。例如,一旦纵向协议被认定为无效,分销商可以要求供应商返还因未执行纵向协议而向其支付的处罚款项。遗憾的是,在 Courage and Crehan 案中,尽管上诉人 Crehan 所要求的损害基本上是补偿性的恢复原状,但欧盟法院并未明确肯定原告有恢复原状的权利。个体要求恢复原状的权利同样属于成员国国内法的调整范围,只要符合同等原则与有效原则即可。以德国为例,德国《民法典》第 812 条"返还请求权"规定没有法律上的原因,因他人的给付,或以其他方法,致他人受到损害而取得利益者,对他人负返还义务。

另外一种重要的私人诉讼类型是禁令救济之诉,这也同样由成员国国内法予以规定。德国法律允许使用禁令来消除现有的侵权行为(Beseitigung),以及使用禁令来防止未来发生侵权行为(Unterlassung)。[4] 德国《反对限制竞争法》第 33 条第 1 款允许个体因违反《欧盟运行条约》第 101 条和第 102 条的行为寻求禁令救济。在实践中,禁令救济可以防止现有或未来的反垄断损害或危险,且通常比损害赔偿更容易被证明。

---

[1] Case 22/71, Béguelin Import Co. v S. A. G. L. Import Export [1971] ECR 949, para 29.

[2] Case C-453/99, Courage and Crehan [2001] ECR I-6297, para 22.

[3] Damien Geradin et al, EU Competition Law and Economics, Oxford University Press, 2012, para 3. 207.

[4] Simon Vande Walle, Private Antitrust Litigation in the European Union and Japan: A Comparative Perspective, Maklu Publishers, 2013, p. 204.

《损害赔偿诉讼指令》所规定的损害赔偿属全额补偿性赔偿，包括赔偿实际损害、利润损失及利息。至于是否允许成员国实施惩罚性赔偿，欧盟法院的态度并非完全否定。在 Manfredi 案中，欧盟法院指出，在缺乏欧盟法的规定下，由成员国立法系统决定是否适用惩罚性赔偿，只要满足同等原则和有效原则即可。[1]如果国内法院可以对适用于成员国国内竞争法的案件作出惩罚性赔偿，那么根据同等原则，也应允许在欧盟竞争法的类似案件中适用惩罚性赔偿。然而，《赔偿诉讼指令》却背离了 Manfredi 案的结论，提出惩罚性赔偿所带来的过度赔偿问题应当被避免。[2]毫无疑问，相比补偿性赔偿，惩罚性赔偿更加能够激励受害人提起诉讼，但对于欧盟来说，保障成员国之间适用欧盟竞争法的一致性更为重要，部分成员国允许惩罚性赔偿，部分成员国不允许，可能会导致挑选法院的问题（forum shopping）。

四、连带责任

《损害赔偿诉讼指令》第 11 条规定了违法者之间的连带责任与责任分配问题，共同实施违法行为的经营者应承担连带责任，以有效保障对受害人的完全赔偿。关于违法者之间责任分配和追偿，第 11 条第 5 款规定，成员国应保证违法者可以向其他违法者追偿，而具体数额由他们各自所应承担的责任来进行确定。

此外，第 11 条给予中小微企业（SME）和宽大程序中获得罚款免除的企业以特权，免除其连带责任。在欧盟法中，中小微企业的范围较为广泛，所有从事经济活动的实体只要符合认定标准都可以被认定为中小微企业。[3]"中型企业"的认定标准是雇佣人数少于 250 人，年营业额少于 5000 万欧元

---

〔1〕 Joint Cases C-295/04 to C-298/04, Manfredi and Others [2006], ECR I-06619, para 92.

〔2〕 DIRECTIVE (EU) 2019/1 OF THE EUROPEAN PARLIAMENT AND OF THE COUNCIL of 11 December 2018 to empower the competition authorities of the Member States to be more effective enforcers and to ensure the proper functioning of the internal market, OJ L11/3, 2019, recital (13).

〔3〕 COMMISSION RECOMMENDATION of 6 May 2003 concerning the definition of micro, small and medium-sized enterprises, OJ L 124/36, 20. 5. 2003.

和/或年资产负债表总额少于 4300 万欧元的企业。"小型企业"是指雇佣人数少于 50 人，年营业额和/或年资产负债表总额少于 1000 万欧元的企业。"微型企业"是指雇佣人数少于 10 人，年营业额和/或年资产负债表总额少于 200 万欧元。针对中小微企业连带责任的免除，《损害赔偿诉讼指令》列举了两个前提条件：一是该中小微企业在违法期间市场份额始终低于 5%；二是如果不免除连带责任，其经济生存能力将受到不可挽回的损害，其资产亦会丧失全部价值。一旦该中小微企业被免除连带责任，其赔偿责任就仅限于自身的直接和间接购买人，对同一协议其他违法者的购买人的损害不承担连带责任。相反，未能免除连带责任的违法者仍然承担全部的损害赔偿责任。但是，如果中小微企业在违法行为中起关键作用（作为领导者），或者中小微企业不是第一次违反竞争法，则禁止免除连带责任。此外，如果受害人无法从其他违法者处获得完全赔偿，那么中小微企业仍然需要承担连带责任，以实现完全赔偿的目标。

第 11 条第 4 款至第 6 款规定了因宽大程序而获得罚款免除的企业（罚款免除接受者 immunity recipient）有权只赔偿其直接或间接购买人（或供应商），除非其他受害人无法从其他违法者处获得完全赔偿。但是关于"其他受害人无法获得完全赔偿"这一事实的证明责任由谁来承担，《损害赔偿诉讼指令》并未详细规定，需要成员国自行制定相关规则。罚款与民事连带责任的双重免除，有助于激励经营者申请宽大程序。同时也存在观点质疑，双重免除是否构成一种不合理的保护，一旦经营者通过宽大程序获得罚款免除，就同时意味着被免除了大部分的民事赔偿责任。[1]

五、证据披露

证据获得对于便利反垄断诉讼至关重要，正如欧盟委员会在《白皮书》中所描述的，"竞争案件需要大量事实，而许多关键证据被隐瞒，由

---

[1] See Christian Kersting, "Die neue Richtlinie zur privaten Rechtsdurchsetzung in Kartellrecht", *WuW* 06/2014, pp. 564~575.

被告或者第三人所持有，原告通常无法掌握足够的细节"。[1] 私人诉讼中的原告对谁掌握证据以及掌握哪些证据可能都处于不知情的状态，因此在申请披露证据的时候难以明确提出需要披露的证据类型。有效的证据披露制度有助于缓解当事人的举证困难。但同时也应当避免证据被滥用，导致披露证据的一方承受不合理的义务或者风险。《损害赔偿诉讼指令》第5条至第8条是反垄断诉讼证据披露的一般性规则，其中第5条规定了证据披露的基本规则，第6条和第7条分别规定了竞争执法机构持有证据的披露规则和使用限制，第8条规定了违反证据披露规定所应承担的法律责任。

在证据披露的基本原则和主要目标上，《损害赔偿诉讼指令》提出，披露应当遵循合理原则和比例原则，并且考虑到各方利益。为了确保反垄断损害赔偿诉讼的有效性，一方面，诉讼当事人应当有机会在其他当事人、第三人或竞争执法机构的控制下获取证据。另一方面，这种证据获取应当符合比例原则，不应损害其他当事人或者第三人的合法利益。证据获取应当在保护商业秘密或机密信息的前提下进行，同时要避免对公共执行程序产生不利影响。《损害赔偿诉讼指令》提供了一个最基础的证据披露标准，成员国可以在《损害赔偿诉讼指令》的基础上制定更高水平的披露制度。

（一）证据披露的原则与规则

证据披露对于欧盟竞争法的私人诉讼是否必要，以及如何构建一个欧盟竞争法层面的证据披露规则，是《损害赔偿诉讼指令》制定过程中的核心议题。在《绿皮书》中，欧盟委员会提出了三个疑问，一是在私人诉讼中是否有必要披露证据以及如何来披露证据。[2] 针对这一问题，欧盟委员会提出了五项制度选择，分别是：①若当事人详细提出案件事实与合理证据，就应当允许披露，披露由成员国法院来主导，披露仅限于具有相关性

---

〔1〕 European Commission, White Paper on Damages actions for breach of the EC antitrust rules, Brussels, 2. 4. 2008, COM（2008）165final, p. 4.

〔2〕 European Commission, Green Paper Damages actions for breach of the EC antitrust rules, Brussels, 19. 12. 2005, COM（2005）672final, pp. 5~6.

且可合理识别的单个文件；②基于事实诉答，由法院主导强制当事人双方披露一系列的文件；③基于事实诉答，各方当事人都有义务向对方提供其所掌握的证据的清单，以便对方查阅；④同时允许上述一至三项所描述的方式，并对销毁证据的行为进行处罚；⑤构建诉前的证据保全制度，证据保全的启动条件是当事人提供合理的证据，以支持法院对违法行为进行初步认定，一旦成功认定，由法院下令保全证据。

二是针对竞争执法机构所持有的证据，是否需要制定特殊的证据获取规则，以及如何保证当事人能够查阅竞争执法机构所持有的证据。欧盟委员会提出了两种解决途径：①由当事人进行证据披露，在保障商业秘密和其他机密信息的前提条件下，要求公共执行程序中的当事人向后继诉讼中的当事人移交除宽大程序申请以外的所有证据材料；②通过成员国法院与欧盟委员会的合作，允许国内法院查阅欧盟委员会所持有的证据文件。

三是是否有必要以及如何减轻私人诉讼中原告的举证负担。针对如何减轻原告的举证负担，欧盟委员会提出三项建议：其一，成员国竞争执法机构所作出的违法认定，对于国内法院具有约束力，或者至少该违法认定可以被视为一个举证责任倒置的触发点；其二，基于原被告之间的信息不对称，设置举证责任倒置，或者降低举证负担；其三，考量到当事人拒绝披露证据可能对举证所带来的影响，可以通过可反驳推定、不可反驳推定，或者要求法院在审查相关事实是否被证明时将当事人拒绝披露证据纳入考量。

在后续的《白皮书》中，欧盟委员会建议在欧盟范围内构建一个最低程度的证据披露规范。[1]借鉴《欧洲议会和理事会关于执行知识产权的2004/48/EC指令》[2]中的披露模式，证据披露只能是基于事实诉辩的要求，并且在严格的司法控制下进行，包括对披露申请的可信度以及披露要

---

〔1〕 European Commission, White Paper on Damages actions for breach of the EC antitrust rules, Brussels, 2. 4. 2008, COM (2008) 165final, p. 5.

〔2〕 DIRECTIVE 2004/48/EC OF THE EUROPEAN PARLIAMENT AND OF THE COUNCIL of 29 April 2004 on the enforcement of intellectual property rights, OJ L195/16, 2. 6. 2004.

求是否符合比例原则进行司法控制。欧盟委员会在《白皮书》中建议授权成员国法院主导证据披露，成员国法院在特定情况下可以要求当事人或者第三人披露特定类别的证据。原告申请披露证据，需证明以下事实：一是存在合理理由怀疑其因被告的行为而遭受损害；二是无法通过合理可预期的努力提供所要求的证据；三是明确提出被披露证据的精准类型；四是使法院确信，披露措施是与案件相关的，且是必要的和成比例的。[1]针对宽大程序中产生的证据是否可被披露的问题上，欧盟委员会建议采取适当措施保护宽大程序申请人所提交的宽大声明。对于销毁证据或者拒绝提供证据的当事人，成员国法院应当拥有足够的惩罚手段。

《损害赔偿诉讼指令》基本上延续了欧盟委员会在《白皮书》中提出的建议，构建了一个在严格的司法控制之下，依当事人申请，法院在考量必要性与比例原则的前提下决定是否披露证据以及披露证据的范围。针对申请披露双方当事人或者第三人所持有的证据，《损害赔偿诉讼指令》第5条第1款规定，成员国应当保障国内法院有权在原、被告的申请下，要求对方当事人或者第三人披露证据。其中如果原告申请被告或者第三人披露证据，应当提出事实和证据证明其损害赔偿请求的合理性。在披露证据时，国内法院应当尽可能精确且严格地要求披露特定的证据或证据类型，以防止披露一方承担不合理的负担与风险。

比例原则要求证据披露是基于合理的现有事实的基础上，因此原告应针对被告行为对其造成的损害提出一个可信的主张。在审查是否符合比例原则时，国内法院应当考量所有的当事人以及第三人的合法利益，主要考量以下三项因素：一是原被告的主张或抗辩在多大程度上能够得到现有事实和证据的支撑，从而证明披露证据的请求是合理的；二是披露的范围和成本是否合理，特别是对第三人而言，应当避免对相关性较低的信息进行泛化的搜索；三是要求披露的证据是否包含保密信息，特别是涉及第三人的信息，以及能够采取哪些保密措施。机密信息并非不可被披露，《损害

---

〔1〕 European Commission, White Paper on Damages actions for breach of the EC antitrust rules, Brussels, 2. 4. 2008, COM（2008）165final, p. 5.

赔偿诉讼指令》要求成员国确保国内法院在采取有效保密措施的前提下，要求当事人或第三人披露包含机密信息在内的证据。在法院下令披露证据之前，被要求披露证据的人应当有机会发表意见。《损害赔偿诉讼指令》鼓励成员国在此基础上制定更高标准的披露证据规则。

在证据披露范围这一问题上，欧盟法院于 2022 年的 PACCAR and Others 案[1]中作出了进一步解释。该案最初是由卡车卡特尔的受害人向西班牙法院申请查阅卡特尔成员所持有的相关证据，以便获得损害赔偿。这些证据特别包括卡特尔实施期间生产的车型清单、各车型的出厂价以及总交付成本。而被申请披露证据的卡特尔成员（以下简称"被告"）质疑这些证据并非已经存在的证据，而是需要专门的收集准备，由此会给被告带来不合理的负担，不符合必要性、比例原则以及负担尽可能小的原则。西班牙法院向欧盟法院提起初步裁决程序，要求解释《损害赔偿诉讼指令》第 5 条第 1 款所规定的披露范围是否仅限于现有证据，还是同时包括通过汇总或分类信息、知识和数据而创建的文件。欧盟法院从目的论的角度对《损害赔偿诉讼指令》第 5 条第 1 款中的证据披露范围进行了解释，《损害赔偿诉讼指令》旨在构建一个在成员国法院监督下的利益平衡机制，证据披露的范围应当通过衡量披露申请的相关性、披露措施的必要性与相称性（比例原则）以及当事人与第三人的合法利益予以确定。若从一开始就排除了通过重新创建文件进行证据披露的可能性，在某种程度上，这对于欧盟竞争法私人执行会造成不可逾越的障碍。因此，从《损害赔偿诉讼指令》所要实现的目的来看，为了纠正当事人之间在证据取得上的不对称，应当先允许当事人请求披露此类型的证据，后国内法院通过审查披露申请来决定证据的披露范围。同时对证据披露范围不加以限制，披露时不考虑披露请求的相关性以及披露措施的必要性和相称性，不对证据进行处理、挑选或者汇编就予以披露，也无法实现《损害赔偿诉讼指令》第 5 条第 1 款所期望达成的效果，无法真正缓解原被告之间在证据获取上的信息

---

〔1〕　C-163/21, PACCAR and Others［2022］, ECLI：EU：C：2022：863.

不对称。[1] 因此，欧盟法院最终裁定，披露证据的范围应当被限定为"相关证据"，包括现有证据，也包括通过对所持有信息、知识或者数据进行汇总或分类而重新创建的文件，同时成员国法院应当将证据披露限定在符合相关性、必要性以及相称性的范围内，考量当事人的合法权益。[2]

（二）竞争执法机构持有证据的披露问题

对于后继诉讼的原告来说，若能够从竞争执法机构获得证据，可以极大地缓解举证困难。在《损害赔偿诉讼指令》颁布之前，存在两种途径可以要求欧盟委员会披露其所持有的证据。一是依据《欧盟议会和理事会关于公开查阅欧洲议会、理事会和委员会文件的第 1049/2001 号条例》[3]（以下简称《透明条例》）要求欧盟委员会公开信息；二是在欧盟竞争法公共执行程序中，收到异议声明的经营者、举报人有权查阅部分的证据。针对成员国竞争执法机构所持有的证据的披露，需要依据各成员国法的相关规定予以实施。另外，在申请披露竞争执法机构所持有的证据时，一个重要的问题是如何对待宽大程序及和解程序中的重要证据。

1.《损害赔偿诉讼指令》颁布之前竞争执法机构的证据披露规定

（1）欧盟委员会持有证据的披露

《透明条例》是欧盟机构的信息公开规则，欧洲议会、理事会以及欧盟委员会所持有的文件均应依据《透明条例》的规定允许公众查阅。《透明条例》的制定基础是《欧盟条约》（TEU）第 1 条所确立的条约目的。《欧盟条约》第 1 条第 2 款确立了欧盟机构决策的公开性，规定"本条约标志着欧洲人民之间建立一个日益密切的联盟进程进入一个新的阶段，在这个联盟中作出决定时尽可能公开和尽可能接近公民"。提升欧盟机构决策的公开性，有助于加强社会公众对欧盟机构运作的监督，使公众更密切地参与决策过程，保障欧盟机构决策的合法性和有效性。《透明

---

〔1〕 C-163/21, PACCAR and Others〔2022〕, ECLI：EU：C：2022：863, paras 85-93.

〔2〕 C-163/21, PACCAR and Others〔2022〕, ECLI：EU：C：2022：863, para 106.

〔3〕 REGULATION（EC）No 1049/2001 OF THE EUROPEAN PARLIAMENT AND OF THE COUNCIL of 30 May 2001 regarding public access to European Parliament, Council and Commission documents, OJ L 145/43.

条例》旨在构建一个广泛的信息查阅框架，充分落实公众查阅欧盟机构文件的权利，采取"普遍允许+例外禁止"的立法模式，要求各欧盟机构的所有文件向公众开放，仅对涉及特定利益的文件予以保密。

从查阅信息的主体范围来说，住所或者办事处位于欧盟任意一个成员国的自然人或法人均有权查阅欧盟机构的文件。对于住所或者办事处不在任一成员国的自然人或者法人，欧盟机构也可以采取同等的原则、条件来允许其查阅文件。这种查阅文件的权利来源于《欧盟基本权利宪章》第42条"查阅文件的权利"，该条规定"欧盟的任何公民以及住所或者注册办事处位于某一成员国的任何自然人或者法人，有权以任何途径查阅本联盟各机构、机关、办事处和代理机构的文件"。[1]在查阅的方式上，可以被查阅的文件主要通过两种方式予以公开：一是依当事人书面申请后公开，二是直接以电子形式或通过文件登记簿向公众公开。

在查阅文件的范围方面，除例外规定外，原则上欧盟机构所持有的所有文件均可以被查阅，包括由欧盟机构所起草的、接收的以及持有的各类文件。禁止查阅的文件范围主要规定在《透明条例》第4条"例外情形"中，共分为四大类：第一类是绝对禁止查阅的文件，即一经查阅就可能危及公共利益、个人隐私和个人尊严的文件，其中公共利益特指公共安全、国防和军事、国际关系以及金融、货币或经济政策；第二类属于原则上禁止查阅的文件，除非更重要的公共利益存在使查阅合理化，具体包括一经查阅可能危及自然人或法人的商业利益、法院的司法程序和法律建议以及搜查、调查和审计的实施；第三类为欧盟机构的内部文件，此类文件一经查阅就可能危及欧盟机构的决策过程，因此被禁止查阅，除非更重要的公共利益存在使查阅合理化；第四类涉及第三方的文件，欧盟机构应当在咨询第三方的基础上决定是否允许查阅。上述文件并非永久禁止披露，而是基于文件内容设定合理的保密期限。《透明条例》规定最长的保密期为30年，对于涉及隐私、商业利益或者敏感信息的文件的保密期可以

---

〔1〕 Charter of Fundamental Rights of the European, OJ C326/391 26. 10. 2012.

延长。

涉及欧盟竞争法私人诉讼，任何人都可以依据《透明条例》要求欧盟委员会公开相关的文件。在适用《透明条例》要求欧盟委员会披露证据上，存在两个极具争议的案件——CDC 案[1]和 EnBW 案[2]。在 CDC 案中，受害企业 CDC Hydrogen Peroxide 向欧盟委员会申请查阅过氧化氢卡特尔的案卷，但欧盟委员会根据《透明条例》第 4 条第 2 款第 1 项 "自然人或者法人的商业利益" 这一例外条件，拒绝了这一申请。欧盟委员会向申请人 CDC 提供了一份非机密版本的内容声明。随后，CDC 向欧盟普通法院提起上诉。欧盟普通法院在判决中分析了第 4 条第 2 款第 1 项和第 3 项中例外情况的适用，以及申请人 CDC 获得文件的权利，特别是反垄断宽大程序与私人诉讼的关系。首先，针对证据披露是否会妨碍宽大程序的有效性这一问题，欧盟委员会与欧盟普通法院存在不同意见。欧盟委员会认为披露与商业利益有关的文件会便利受害人提起后继诉讼，使宽大程序的申请人在后继诉讼中处于不利地位，由此阻碍他们与欧盟委员会在宽大程序上的合作。欧盟委员会提出，应当对第 4 条第 2 款第 3 项中的 "调查目的" 作广义解释，将宽大程序也纳入 "调查目的" 的范畴，避免向后继诉讼的受害人披露宽大程序的相关证据。欧盟普通法院肯定了私人诉讼和宽大程序都是保障欧盟竞争法实施的重要工具，两者的有效性都需要得到保障。但是，欧盟普通法院否认了欧盟委员会的观点，指出《透明条例》旨在尽可能地保障公众查阅文件的权利，而对 "调查目的" 作广义解释与该基本原则不符，对《透明条例》第 4 条所规定的 "例外情形" 必须严格解释和适用。同时，仅在竞争法中对 "调查目的" 作广义解释，也会导致法律适用的不一致。另外，欧盟普通法院称 "避免后继诉讼不能被视为企业的一项商业利益，而且在任何情况下，都不构成值得保护的利益"，因为任何人

---

[1] Case T-437/08, CDC Hydrogene Peroxide v Commission [2001], ECR II-08251, ECLI: EU: T: 2011: 752.

[2] Case T-344/08, EnBW Energie Baden-Württemberg v Commission [2012], ECLI: EU: T: 2012: 242; Case T-356/12P, Commission v EnBW [2014], ECLI: EU: C: 2014: 112.

都有权因违反欧盟竞争法而寻求损害赔偿。[1]欧盟普通法院的上述观点也被《损害赔偿诉讼指令》所采纳，《损害赔偿诉讼指令》第 5 条第 5 款规定，经营者因违反竞争法而避免损害赔偿诉讼的利益不应构成值得保护的利益。

在 EnBW 案中，申请人 EnBW Energie Baden-Württemberg AG 向欧盟委员会申请查阅证据，在被拒绝后向欧盟普通法院提起上诉。欧盟普通法院撤销了欧盟委员会拒绝查阅的决定，在判决中再次确认了 CDC 案中的结论，即《透明条例》第 4 条第 2 款中的"例外情况"应当被"严格地解释和适用"。之后，欧盟委员会将该案上诉到欧盟法院，认为对《透明条例》中的"例外情形"的解释应当与《第 1/2003 号条例》和《第 773/2004 号条例》[2]中的披露规则相一致，因为披露证据会损害竞争法的实施以及相关企业的利益。在这一点上欧盟法院肯定了欧盟委员会的意见，提出保证上述条例适用标准的一致性是重要的，因为如果行政调查中当事人被拒绝查阅证据，而调查之外的第三方却被允许查阅证据，这会导致《第 1/2003 号条例》和《第 773/2004 号条例》中的披露条款失去其应有的效力。《透明条例》并非优先于《第 1/2003 号条例》和《第 773/2004 号条例》。欧盟法院承认欧盟委员会拥有决定文件披露范围的权力，指出欧盟委员会有权在不对每份文件进行具体、单独审查的情况下，推定披露这些文件会损害企业的商业利益和调查目的。[3]但是，欧盟法院仍然坚持 Pfleiderer 案所构建的"利益衡量"测试，强调通过对查阅证据的积极和消极效果进行

〔1〕　Case T-437/08, CDC Hydrogene Peroxide v Commission〔2001〕, ECR II-08251, ECLI：EU：T：2011：752, para 49.

〔2〕　COMMISSION REGULATION (EC) No 773/2004 of 7 April 2004 relating to the conduct of proceedings by the Commission pursuant to Articles 81 and 82 of the EC Treaty, OJ L123/18. 《第 1/2003 号条例》第 27 条第 2 款允许被调查的经营者查阅欧盟委员会所持有的证据，以保障其在公共执行程序中的抗辩权。《第 773/2004 号条例》第 8、15 和 16 条允许举报人以及收到异议声明的经营者查阅欧盟委员会所持有的证据。《第 773/2004 号条例》现已被《第 2015/1348 号条例》所替代。COMMISSION REGULATION (EU) 2015/1348 of 3 August 2015 amending Regulation (EC) No 773/2004 relating to the conduct of proceedings by the Commission pursuant to Articles 81 and 82 of the EC Treaty, OJ L 208/3.

〔3〕　Case T-356/12P, Commission v EnBW〔2014〕, ECLI：EU：C：2014：112, para 93.

衡量，来决定是否允许受害人查阅公共执行程序中的证据。同时确认保障个体的损害赔偿权不构成《透明条例》第4条第2款所规定的"压倒性的公共利益"。欧盟法院采取了与欧盟普通法院不同的观点，强调了欧盟委员会对披露文件具有自由裁量权。一些学者对此表示质疑，认为这将增加申请人从欧盟委员会查阅文件的困难程度，因为根据欧盟法院的判决，欧盟委员会有权通过推定来拒绝当事人的披露申请。[1]而当事人往往不了解文件的内容，很难反驳上述推定或者证明存在"压倒性的公共利益"，最终导致查阅证据变得非常困难。

在欧盟竞争法的公共执行程序中，为保障抗辩权与知情权，收到异议声明的经营者、和解程序的参与人以及案件的举报人均有权查阅欧盟委员会所持有的证据。举报人在收到欧盟委员会拒绝举报事项的意向或者异议声明之后，有权申请查阅作出该决定所依据的证据。但是，这种证据获得途径具有局限性，一是受害人只有在成为举报人之后，才可以获得查阅证据的资格，而实务中并非所有的受害人都掌握相关的违法事实或者证据向欧盟委员会进行举报。二是举报人所能够查阅的文件范围也是有限的，举报人无权查阅涉及商业秘密和机密信息的文件。[2]

（2）成员国竞争执法机构持有证据的披露

成员国竞争执法机构持有证据的披露应当依据各成员国国内法来实施。Pfleiderer案[3]和Donau Chemie and Others案[4]涉及成员国执法机构通过宽大程序所获得的证据是否可以在后继诉讼中被披露的问题。这两起案件都是由后继诉讼的原告申请查阅宽大程序中的证据。2008年1月，德

〔1〕 See Bruno Lebrun and Laure Bersou, "Commission v EnBW Energie: Non-Disclosure of Leniency Documents", *Journal of European Competition Law & Practice*, 2014, Vol.5, No.7, 463; Philip Bentley QC, David Henry, "Antitrust damages actions: obtaining probative evidence in the hands of another party", (2014) 37 *World competition*, Issue 3, p.272.

〔2〕 COMMISSION REGULATION (EU) 2015/1348 of 3 August 2015 amending Regulation (EC) No 773/2004 relating to the conduct of proceedings by the Commission pursuant to Articles 81 and 82 of the EC Treaty, OJ L 208/3, Article 8.

〔3〕 Case C-360/09, *Pfleiderer* [2011], ECR I-05161.

〔4〕 Case C-536/11, *Donau Chemie and Others* [2013], ECLI: EU: C: 2013: 366.

国联邦卡特尔局依据《欧共体条约》第 81 条（现《欧盟运行条约》第 101 条）对三家欧洲装饰纸生产商和五名个人处以 6200 万欧元的罚款，认定他们从事了限制价格和数量的协议。在该处罚决定生效之后，装饰纸采购商 Pfleiderer 向德国联邦卡特尔局提交了一份申请，要求全面查阅与该案相关的文件，以便准备提起后继民事诉讼。Pfleiderer 在过去 3 年内从上述装饰纸生产商处购买了价值超过 6000 万欧元的商品。2008 年 5 月，德国联邦卡特尔局答复了上述申请，在删除关键信息后，向 Pfleiderer 披露了三份处罚决定和证据清单。然而，Pfleiderer 随即向联邦卡特尔局发出第二封申请信，要求全面查阅相关证据，包括涉及宽大程序的文件和证据，但该申请被联邦卡特尔局拒绝。于是 Pfleiderer 向波恩地方法院提起诉讼，要求查阅所有证据。2009 年 2 月，波恩地方法院作出一项裁决，要求联邦卡特尔局向 Pfleiderer 披露证据，认为 Pfleiderer 构成德国《刑事诉讼法典》第 406e 条第 1 款和《秩序违反法》第 46 条第 1 款意义上的"受害人"，因此其在获取证据方面拥有"合法权益"。在本案中，被要求披露的证据包括宽大程序中的重要证据，这些证据是企业为了获得宽大而主动向联邦卡特尔局提供的。而机密商业信息和内部文件被限制披露，包括联邦卡特尔局在调查过程中针对法律问题的讨论以及其在欧洲竞争网框架内所交换的信息。波恩地方法院提出，在考量披露证据的必要性与合理性时，需要衡量各种利益，披露范围应被限于证明损害赔偿所必需的文件。为此，波恩地方法院向欧盟法院提出初步裁决程序，要求解释依据欧盟竞争法受到卡特尔不利影响的一方当事人为了提起民事诉讼，是否有权利获得宽大申请文件及相关文件。由于欧盟委员会《宽大通告》以及《欧盟委员会与欧盟成员国法院之间合作的通告》[1]对成员国依据本国竞争法实施宽大程序没有约束力，因此欧盟法院强调成员国国内法有责任根据同等原则和有效原则确定是否允许一方查阅宽大程序的文件，由成员国法院对披露请求进行衡

---

[1] COMMISSION NOTICE on the co-operation between the Commission and the courts of the EU Member States in the application of Articles 81 and 82 EC, OJ C256.

量。[1]

在随后的 Donau Chemie and Others 案中，VDMT 向维也纳高等法院提出查阅 Donau Chemie 案中的相关证据，以便评估是否提起后继诉讼。根据奥地利《卡特尔法》（Kartellgesetz），法院不得在未经当事人同意的情况下授权查阅竞争案件的司法档案，而本案中包括 Donau Chemie、BWB 等案件当事人均拒绝 VDMT 查阅证据。为此，维也纳高等法院向欧盟法院提起初步裁决程序，要求欧盟法院解释奥地利《卡特尔法》中查阅证据的规则是否与欧盟竞争法的要求相违背。在本案中，欧盟法院重申成员国法院应当"衡量各种利益，包括支持信息披露的利益和支持信息保护的利益"。[2]欧盟法院没有具体指出哪些文件可以公开，哪些不能公开，而是强调"利益衡量"应依据成员国法在个案基础上予以考量。国内法院在决定是否披露以及披露的范围和程度时，应综合考虑所涉及的私人利益和公共利益。欧盟法院认为这种利益衡量至关重要，并指出如果仅因为程序中的一方反对披露，成员国国内法就"系统性地拒绝"向个体进行披露，那么该国内法就违背了欧盟竞争法。[3]如果证据披露是个人获得证据以要求损害赔偿的唯一机会，保护个体利益就应当被纳入考量。

2.《损害赔偿诉讼指令》中的证据披露规则

《损害赔偿诉讼指令》并未采纳欧盟法院在先前判例中所提出的"利益衡量测试"，而是采取了一种证据分类披露的制度，按照证据对于公共执行程序的重要性将其划分为三类，同时对机密信息的披露进行了一定的限制。

（1）分类披露规则

《损害赔偿诉讼指令》第 6 条规定了竞争执法机构持有文件的披露事项。首先，在欧盟委员会持有文件的披露方面，《透明条例》优先适用。

---

[1]　在本案中，欧盟法院指出宽大程序在欧盟竞争法的实施体系中具有重大意义，向后继诉讼的当事人披露关键性文件可能不利于宽大程序的有效实施。

[2]　Case C-536/11, Donau Chemie and Others [2013], ECLI：EU：C：2013：366, para 30.

[3]　Case C-536/11, Donau Chemie and Others [2013], ECLI：EU：C：2013：366, para 43.

《损害赔偿诉讼指令》第 6 条第 2 款规定，"本条不妨碍《第 1049/2001 号条例》（《透明条例》）中的公共查阅规则与实践"。但需要注意的是，《透明条例》的效力仅限于欧盟委员会，对成员国竞争执法机构不具有任何约束力。因此，成员国竞争执法机构在证据披露方面仍然依据本国国内法。

其次，针对成员国竞争执法机构所持有的证据披露，成员国法院应有权作出司法裁决。《损害赔偿诉讼指令》要求成员国确保，成员国法院能够依照《损害赔偿诉讼指令》第 5 条所确立的披露原则与规则进行裁决，其中特别需要考量当事人的披露申请是否符合比例原则。《损害赔偿诉讼指令》第 5 条第 3 款对比例原则进行了解释，成员国法院在评估披露申请是否符合比例原则时，应当考量所有当事人和第三人的利益，特别考量以下三项因素：一是披露申请是否以及在何种程度上得到现有事实和证据的支持，从而证明披露拯救的要求是正当的；二是披露的范围和成本是否符合比例，尤其对第三人而言是否符合比例更为重要，披露的范围应当限于特定文件，而非广泛地要求披露所有可能存在的文件；三是被披露的信息是否包含机密信息，是否采取必要措施保护此类机密信息。

最后，按照相关文件对公共执行的重要性，依文件的种类将披露程度划分为三个等级，一是完全禁止披露的文件（黑名单），在任何情况下此类文件都不可被披露，主要包括宽大声明、和解意见书。宽大声明（leniency statement）是由企业或者自然人或者且代表向竞争执法机构提供的口头或书面陈述，说明该企业或自然人对卡特尔的知情以及在其中的角色，该陈述是专门为提交竞争执法机构而起草的，目的是根据宽大程序获得罚款的免除或者减轻。和解意见书（settlement submission）是一个企业或者其代表向竞争执法机构提交的自愿陈述，说明该企业对其参与违反竞争法的行为及责任予以承认或放弃抗辩，该陈述是专门为竞争执法机构适用简化快速程序而起草的。《损害赔偿诉讼指令》完全禁止披露宽大声明及和解意见书的披露，国内法院在任何情况下均不能作出要求执法机构披露上述两个文件的裁决。即使上述两个文件已经被披露，在后继诉讼中也会被视为不可采信的证据。原告可以请求国内法院对相关证据进行审查，以确认其所要求披露的文件是否构成宽大声明或和解意见书。对宽大声明、和解意见书的完全禁止披露事实上否定了欧盟法院在 Pfleiderer 案中所提出的"利益衡量测试"。

二是暂时禁止披露的文件（灰名单），暂时禁止披露是指在行政执法程序终结前，国内法院不得要求竞争执法机构予以披露。暂时禁止披露的证据具体包括三类，分别是由自然人或者法人专门为公共执行程序所准备的信息、竞争执法机构在程序中起草并送达至各方的信息以及已被撤回的和解意见书。这三类证据都是公共执行程序中产生的证据，一旦披露可能会危及正在进行的公共执行程序。这些文件只能在公共执行程序结束后被披露，否则会被视为不可采信的证据。

三是允许披露的信息（白名单），除上述两类外的其他证据都被划分为"现有证据"（pre-existing evidence）。现有证据是指已经存在的证据，无论竞争执法机构的程序如何，也无论是否存在于竞争执法机构的档案中。此类证据的披露不受任何限制。国内法院有权要求竞争执法机构予以披露，但须遵循比例原则。这意味着，国内法院将首先审查所要求的文件是否属于全面或临时禁令披露的范围，如果不属于，则将根据比例原则评估是否允许披露。

（2）对机密信息的保护

在欧盟竞争法中，机密信息（confidential information）是一个广泛的概念，包括所有应予以保密的信息，诸如商业秘密、个人数据等。商业秘密受到《欧洲议会和理事会关于保护未披露专有技术（Know-how）和商业信息（秘密）不受非法获取、使用和披露的第 2016/943 号指令》[1]的保护。而针对个人数据的保护，欧盟机构在处理个人数据时仍应遵循《欧盟基本权利宪章》与《欧盟运行条约》中关于保护个人数据的原则性规定。

---

〔1〕 Directive (EU) 2016/943 of the European Parliament and of the Council of 8 June 2016 on the protection of undisclosed know-how and business information (trade secrets) against their unlawful acquisition, use and disclosure, OJ L157/1.

在这一方面，欧盟《通用数据保护条例》（GDPR）不适用于欧盟机构、机关、办事处和代理机构处理个人数据。上述机构处理个人数据的制度基础是《欧洲议会和理事会关于在欧盟机构、机关、办事处和代理机构处理个人数据方面保护自然人以及此类数据的自由流动的第 2018/1725 号条例》[1]，在处理个人数据时，应当遵循合法、公平以及透明原则，收集和处理个人数据要受限于特定、明确和合法的目的，并遵循数据最小化原则，确保持有的个人数据的完整性与保密性。

机密信息通常具有三项特征，即仅为有限的人所知悉、披露会导致提供信息的人或者第三方承受损害并且披露所损害的利益客观上是值得保护的。只要符合上述三项特征，就可以被视为机密信息。对机密信息的保护存在两个层面的意涵，一是在欧盟竞争法的执行程序中，执法机构以及任何知悉机密信息的主体应当对机密信息负有保密义务，二是为执行欧盟竞争法而收集获取的机密信息应当仅用于执法目的，不得用于其他目的。对机密信息的保护是贯穿于整个欧盟竞争法公共执行与私人执行程序的。具体来说，在公共执行程序中，对机密信息的保护涉及相关当事人以及第三人是否拥有查阅的权利。在私人执行程序中，诉讼的原被告是否可以通过证据披露制度获取包括机密信息在内的证据。

在公共执行程序中，对机密信息的保护体现在对当事人或第三人查阅权的限制以及对执法机构之间信息交换的限制。其一，在查阅权的限制上，欧盟委员会所持有的文件可以被划分为"可查阅的文件"与"不可查阅的文件"，而不可查阅的文件包括机密信息与竞争执法机构的内部文件。不可查阅既体现在公共执行程序中对当事人或第三人的查阅信息权进行适当地限制，也意味着在调查程序终结后执法机构不得将机密信息在最终决定中予以公布。为保障程序中当事人的抗辩权，《第 1/2003 号条例》以及

---

〔1〕 Regulation（EU）2018/1725 of the European Parliament and of the Council of 23 October 2018 on the protection of natural persons with regard to the processing of personal data by the Union institutions, bodies, offices and agencies and on the free movement of such data, and repealing Regulation（EC）No. 45/2001 and Decision No. 1247/2002/EC, OJ L 295/39, 21. 11. 2018.

《欧盟委员会关于修正欧盟委员会依据欧共体条约第81条和第82条所开展的程序的第773/2004号条例的第2015/1348号条例》[1]授予被调查的经营者与举报人查阅证据的权利。举报人在收到欧盟委员会拒绝举报事项的意向或者异议声明之后，有权申请查阅作出该决定所依据的证据。举报人不得查阅属于其他当事人的机密信息。被调查的经营者在收到异议声明之后有权查阅欧盟委员会作出异议声明所依据的证据，但需在保护商业秘密的前提下，同时这种查阅证据的权利通常不得扩展到"不可查阅的文件"。

但是，在公共执行程序中对机密信息的保护并非绝对，出于保障公共利益以及个体抗辩权的目的，当机密信息构成认定行为违法的必要证据，或者构成排除当事人嫌疑的必要证据，均应当允许被调查的经营者查阅此类信息。在这种情形下，若证明违法或者保障抗辩权的价值目标高于保护机密信息的价值目标，可以由欧盟委员会在评估的基础上决定查阅范围。在评估时，欧盟委员会需要考量该机密信息对于证明行为违法的重要性，如信息的相关性与证明效力、信息的必要性、信息的敏感程度、被控违法行为的严重程序。[2]

在私人执行程序中，《损害赔偿诉讼指令》要求成员国通过立法，采取有效的手段对机密信息进行保护，其中有效的手段包括要求当事人或者法院对文件中的机密信息进行编辑、不公开审理、对查阅证据的人员范围进行限制以及仅公布文件的非保密版本，例如不含机密信息的摘要。对机密信息的保护并不意味着机密信息不可被披露，出于便利后继诉讼的目的，机密信息可以在保密的前提下被披露，但需遵循必要性与比例原则。

2020年欧盟委员会在《损害赔偿诉讼指令》的基础上制定并发布了《欧盟委员会关于国内法院在欧盟竞争法私人执行程序中保护机密信息的

---

〔1〕 COMMISSION REGULATION（EU）2015/1348 of 3 August 2015 amending Regulation（EC）No 773/2004 relating to the conduct of proceedings by the Commission pursuant to Articles 81 and 82 of the EC Treaty，OJ L208/3，5.8.2015.

〔2〕 European Commission，Antitrust Manual of Procedures：Internal DG Competition Working Documents on Procedures for the Application of Articles 101 and 102 TFEU，2019，para.（43）.

通告》〔1〕，为成员国制定相应的机密信息保护与披露规则提供柔性建议与引导。该通告建议国内法院在个案基础上选择有效的保密措施，具体需要考量的因素诸如是否可以通过汇编或者匿名化的方式来实现信息披露、披露的文件范围和数量、披露涉及的当事人数量、披露方与被披露方之间的关系、信息是否来源于第三人、查阅信息的人员范围、因疏忽而泄露的风险以及法院在诉讼程序中保密的能力等。〔2〕

该通告建议成员国法院可以采取对机密信息进行重新编辑、保密圈、任命独立的第三方专家查阅信息三种保密措施。对机密信息进行重新编辑表现为对相关信息进行删除或者模糊化，例如需要保密的信息涉及营业额、市场份额等相关数据，可以将精确的数据模糊化，仅披露数据所处区间。对机密信息进行重新编辑适用于被披露信息量较小的情形，当披露信息量较大时这种措施可能具有一定的局限性。保密圈（confidential ring）是欧盟竞争法中独创的一项保密措施，在民事诉讼程序中由成员国法院指定将特定类别的机密信息置于保密圈中，并只提供特定当事人查阅。保密圈有助于提高披露证据的效率，节约披露成本，适用于定量数据和具有战略意义的商业信息的披露，此类信息的数量过多，难以被汇总、总结或者修改。成员国法院也可以通过任命独立的第三方专家起草不含保密信息的摘要或者报告，提供给申请披露证据的一方。

（3）对违反披露规则的惩罚措施

对违反披露相关规则的当事人、第三人及其代理人，成员国应保障国内法院有权进行惩罚。违反披露规则的行为包括：①未能遵守或拒绝遵守成员国法院的披露命令；②销毁证据；③未能遵守或者拒绝遵守成员国法院的保密命令中所规定的义务；④违反了使用证据的限制。相关的处罚可能包括"在诉讼中采纳不利于违反规则一方的推定"和"要求违反规则一

〔1〕 COMMUNICATION FROM THE COMMISSION Communication on the protection of confidential information by national courts in proceedings for the private enforcement of EU competition law, OJ C242/1.

〔2〕 COMMUNICATION FROM THE COMMISSION Communication on the protection of confidential information by national courts in proceedings for the private enforcement of EU competition law, OJ C242/1, para32.

方支付诉讼费用",可由国内法院按照"有效的、成比例的以及劝阻的"原则予以实施。

(4) 不同成员国证据披露制度的差异与转化

在欧盟,不同成员国的证据披露制度存在较大差异,尤其表现为英美法系国家与大陆法系国家在民事诉讼程序上的差异。这种差异部分源于不同成员国民事诉讼法对举证责任的不同解释,证据开示制度在英美法系国家的民事诉讼中较为普遍,而大陆法系国家通常只允许有限的开示,并会对证据开示的申请进行严格的审查。相应地,英美法系成员国的法官对证据开示程序更为熟悉与宽容,而大陆法系成员国的法官可能会采取一个相对严格的态度来对待证据开示的申请。由此导致的法律适用不一致以及当事人挑选法院(forum shopping)的问题对于欧盟竞争法私人执行的有效实施来说,是一个更大的障碍与挑战。在这一方面,《损害赔偿诉讼指令》的一个重大意义就是促进各成员国在反垄断民事诉讼的证据披露中达成最低程度的一致化,避免因程序规则存在过大差异而导致私人诉讼失去其应有效用。

以脱欧前的英国为例,英国《民事诉讼规则》第 31 条规定了一个"标准开示"(standard disclosure),包括诉前开示和诉中开示(第 31. 16、31. 11 条)。当事人可以依据"公共利益可能会受损害"这一理由,向法院申请拒绝开示证据。爱尔兰也存在类似的证据开示制度,由当事人提出申请,基于"公平处理问题或者节约成本的必要性"。[1]相比之下,德国的民事诉讼程序缺乏审前的证据开示。从对方当事人和第三方处获得证据的唯一途径是德国《民事诉讼法》第 421 条和第 428 条的规定,法庭可以依据当事人的请求,要求对方当事人或者第三人提供证据。第 421 条规定如果证据由对方当事人持有,应当申请对方当事人出示证据。第 428 条规定当事人可以申请获得由第三方持有的证据。依据德国《民事诉讼法》第 142 条,德国法院可以主动指示当事人和第三方提供证据。此外,当事人

---

[1] Denis Waelbroeck et al, Ashurst Report: Study on the conditions of claims for damages in case of infringement of EC competition rules, Brussels 2004, p. 61.

可以依据德国《刑事诉讼法》第 406e 条第 1 款和《秩序违反法》第 46条，申请获得由联邦卡特尔局所持有的证据。

在《损害赔偿诉讼指令》转化期结束后，不同成员国之间至少应当在证据开示上达到最低限度的一致。《损害赔偿诉讼指令》中的证据披露规则将被纳入成员国国内法，特别是对宽大声明及和解意见书披露的全面禁止、对部分证据披露的临时禁止，以及在证据披露时应遵循相关性、必要性以及比例原则。以德国的转化情况为例，德国《反对限制竞争法》于2017 年新增第 33g 条"要求提交证据和提供信息的权利"，规定双方当事人在对方的请求下都有义务开示其所持有的证据，前提是要求披露证据的一方能够证明其开示要求是建立在合理的现有事实基础上，并尽可能准确地提出开示证据的具体范围。德国法院需要考量各方的合法利益以评估证据开示请求是否符合比例原则，包括证据开示的程度、范围和成本、证据开示是否与损害赔偿诉讼有关、竞争执法机构的决定对法院的约束力、公共执行的有效性以及保护商业秘密和其他机密信息等因素。但是任何一方当事人不得以损害赔偿之诉中的利益为理由拒绝开示证据。宽大声明以及和解意见书被永久禁止开示，而公共执行程序中的证据、执法机构的内部文件以及被撤回的和解意见书在公共执行程序结束前不得被披露。依据德国《民事诉讼法》第 383 条第 1 款第 4 至 6 项，神职人员、广播电视从业人员等因职业要求需要对所知信息进行保密的证人有权拒绝在诉讼中作证，在反垄断后继诉讼中同样也拥有拒绝证据开示的权利。证据开示的费用应当由要求开示证据的当事人承担。在证据开示中，因拒绝披露证据、披露不正确或不完整的证据导致他人受到损害的，应当进行损害赔偿。

六、集体诉讼与合意型争议解决机制

（一）集体诉讼机制的模式探索

集体性救济机制与合意型争议解决机制也是欧盟竞争法私人执行的重要组成部分，欧盟立法者鼓励受害人通过集体性救济机制以及替代争议解决机制纠正违法行为并获得赔偿。集体性救济机制（collective redress mech-

anism）是以诉讼和非诉讼途径来实现群体的权利救济。在竞争法领域，常
见的集体性诉讼机制包括公益诉讼（public interest litigation）、集体诉讼
（collective action）/集团诉讼（class action）、代表诉讼（representative
action）、合并诉讼（joint action）等形式。在《损害赔偿诉讼指令》制定
之前，部分成员国已经拥有了特定类型的集体性诉讼机制，诸如葡萄牙、
西班牙和瑞典拥有集体诉讼或集团诉讼，瑞典于 2003 年引入"选择加入"
（opt-in）的集体诉讼，西班牙民事诉讼法允许部分团体代表其成员利益提
起集体诉讼。[1]德国《反对限制竞争法》允许具备特定法律资格的组织针
对违法者提起没收经济利益之诉，所没收的经济利益并非用于损害赔偿，
而是上缴德国联邦国库。对于竞争法的实施，集体诉讼具有两大意义。其
一，集体诉讼有助于消费者以较低的成本寻求损害赔偿。若消费者所承受
的损害具有分散、小额的特点，加之反垄断诉讼的风险和成本较高，诉讼
结果具有很强的不确定性，单独提起损害赔偿诉讼不符合成本—收益考
量，此类损害也往往无法得到救济。其二，相比单独提起损害赔偿诉讼，
集体诉讼对于违法者可能会产生更强的威慑效果。

在集体诉讼的模式选择上，欧盟委员会在《绿皮书》中曾提出两种可
行的模式：一是由消费者协会代替个体消费者提起集体诉讼，二是由消费
者个体提起集体诉讼。[2]在之后的《白皮书》中欧盟委员会建议将代表诉
讼与选择性集体诉讼作为互补的集体救济机制，其中代表诉讼是由适格的
实体，诸如消费者协会、国家机关或者贸易协会等，代表已确定或可确定
的受害人提起诉讼。[3]这些实体可以事先统一指定，也可以由成员国就某
一具体案件进行临时指派。选择性集体诉讼是由受害人自愿选择，将多个
损害赔偿诉讼合并为一个单一诉讼。这两种诉讼模式是可以互补且共存

---

〔1〕 Denis Waelbroeck et al, Ashurst Report: Study on the conditions of claims for damages in case of infringement of EC competition rules, Brussels 2004, p. 45.

〔2〕 European Commission, Green Paper Damages actions for breach of the EC antitrust rules, Brussels, 19. 12. 2005, COM（2005）672final, pp. 8~9.

〔3〕 European Commission, White Paper on Damages actions for breach of the EC antitrust rules, Brussels, 2. 4. 2008, COM（2008）165final, p. 4.

的，受害人可以在两种模式中进行自由选择，以实现完全赔偿的目的。最终，《损害赔偿诉讼指令》并未强制成员国引入集体性救济机制，而是强调在实现完全赔偿的同时，避免惩罚性赔偿与多重赔偿。

（二）合意型争议解决机制

1. 合意型争议解决机制的概念与意义

《损害赔偿诉讼指令》明确提出，损害赔偿诉讼仅是私人执行体系中的一个途径，还应存在其他替代救济方式作为补充，例如合意型争议解决机制（consensual dispute resolution）。所谓的合意型争议解决机制是指任何能够使当事人就其反垄断损害赔偿纠纷达成和解的机制，包括庭外和解、仲裁或调解等。欧盟立法者鼓励违法者与受害人通过协商一致来解决双方的纠纷。合意型争议解决机制构成反垄断损害赔偿诉讼的有效替代途径，其主要的制度价值在于节省争议解决的时间和成本，在较短时间内修复双方的交易或合作关系，降低诉讼或者公共执行所带来的不确定性。除了反垄断以外，欧盟曾在消费者保护领域引入替代争议解决机制，2013 年欧盟发布了《关于消费者纠纷的替代争议解决机制的欧洲议会与理事会指令》[1]，要求成员国构建庭外的争议解决机制，为消费者提供简单、快速和低成本的争议解决方案。

2. 合意型争议解决机制与公共执行、民事诉讼之间的协调

为鼓励当事人积极参与合意型争议解决机制，需要协调合意型争议解决机制与公共执行、损害赔偿诉讼之间的关系。具体表现为两个方面：一是协调合意型争议解决机制与公共执行之间的关系，特别是协调损害赔偿数额与罚款数额；二是对合意型争议解决机制与民事诉讼进行协调，包括对损害赔偿责任的协调以及对程序衔接的协调。在协调合意型争议解决机制与公共执行上，《损害赔偿诉讼指令》第 18 条第 3 款要求成员国将合意型和解所支付的赔偿作为罚款的减轻因素。在合意型争议解决机制与民事

〔1〕　DIRECTIVE 2013/11/EU OF THE EUROPEAN PARLIAMENT AND OF THE COUNCIL of 21 May 2013 on alternative dispute resolution for consumer disputes and amending Regulation（EC）No 2006/2004 and Directive 2009/22/EC，OJ L165/63，18.6.2013.

诉讼的程序衔接方面，存在两种情形。一是合意型争议解决程序与民事诉讼同时进行，在这种情况下需要对诉讼时效进行调整，以保障受害人拥有足够时间参与诉讼程序。成员国应当确保在合意型争议解决期间，相关当事人所参与的民事诉讼时效中止。若适用仲裁程序解决争议，诉讼时效最长可中止2年。二是针对合意型争议解决程序与后继诉讼之间关系的协调，尤其是针对损害赔偿数额的协调以及时效的衔接。参与合意型争议解决程序的违法者可能面临双重赔偿或者多重赔偿的风险，在损害赔偿方面相比其他违法者处于更加不利的地位。为了避免这种不利风险，鼓励违法者积极参与合意型争议解决程序，有必要对此类违法者所承担的民事责任进行限制。当一部分受害人和违法者达成和解，他们的赔偿数额应当从总赔偿数额中被扣除。之后其他受害人再要求赔偿，也仅能向未达成和解的违法者提出。此外，需对参与和解的违法者的连带责任进行限制，未参与和解的违法者无权向参与和解的违法者进行追偿。在同时存在损害赔偿诉讼与合意型争议解决程序的情况下，成员国法院在裁量时应当根据违法者各自应承担的责任份额，对赔偿结果进行协调。

◇ 第四章 ◇

欧盟竞争法公共执行与私人执行的
程序协调与衔接

一、公共执行与私人执行协调与衔接的内容与意义

长期以来，欧盟竞争法都以公共执行为主要的执行机制，由欧盟委员会与成员国竞争执法机构主导执法程序。在引入私人执行时需要考量如何协调公共执行和私人执行程序之间的关系，以及如何实现公共执行与私人执行程序的衔接。

（一）公共执行与私人执行的关系

竞争法的公共执行与私人执行并非完全孤立的，两者是紧密联系、相互影响的。两者的关系可以从所追求的目标、优先性以及功能定位三个层面进行探讨。在讨论两者关系时，首要的问题在于欧盟竞争法的私人执行所追求的实施目标是什么，是否与公共执行所追求的目标存在冲突或者具有共通性。关于私人执行所追求的目标，通常来说可以总结为三项，分别是制止并惩罚已经发生的违法行为、威慑未来可能发生的违法行为以及赔偿受害人。制止违法行为、惩罚以及威慑是私人执行与公共执行共通的实施目标，而赔偿受害人是私人执行所特有的实施目标。惩罚、威慑和赔偿三者之间也是紧密相关的，损害赔偿的数额往往决定了私人执行惩罚与威慑的效果。欧盟立法者反对通过私人执行过度惩罚或过度威慑违法者，拒绝采取类似美国的三倍惩罚性赔偿制度，而是坚持补偿性赔偿，即完全赔偿。完全赔偿的范围包括受害人所承受的实际损失、被剥夺的预期收益

（利润损失）以及利息，除此之外欧盟并不支持受害人获得惩罚性赔偿。正如《损害赔偿诉讼指令》序言所称，"《损害赔偿诉讼指令》中的完全赔偿不应导致过度赔偿，无论是通过惩罚性赔偿、多重赔偿或者其他赔偿方式"。[1]公共执行与私人执行并存也可能会产生过度惩罚与过度威慑的风险，即同一违法行为同时或者先后面临公共执行的罚款和私人诉讼的损害赔偿。为避免出现过度威慑或者威慑不足的问题，有必要对协调公共执行的罚款与私人诉讼的损害赔偿进行探讨。

其次，公共执行是否优先于私人执行，或者说两者之间是否存在优先性。一些欧洲学者从公私执行所追求的目的差异出发，认为公共执行应当优先于私人执行，私人执行是由私人所提起，目的是保护个体利益（Individualschutztheorie），难以维护竞争秩序（Institutionsschutzthoerie），反之公共执行更多地关注欧盟竞争法的目的实现，具有促进欧盟市场一体化、提高效率且维护有效竞争的作用。[2]上述观点可能源自长期以来欧盟竞争法所具有的强烈的行政中心化特征，这与美国反托拉斯法鼓励私人提起诉讼的模式形成鲜明对比。在行政中心化的实施体系下，欧盟竞争法在过去很长一段时期内都是以公共执行为主导，而欧盟委员会几乎是唯一的执行机关。[3]但是，在2003年欧盟竞争法实施体系的现代化改革之后，公共执行的主导地位以及行政中心化的特征被淡化，欧盟竞争法的执行体系从以公共执行为主导的单轨制发展为公共执行与私人执行并重的双轨制。在公共执行方面，去行政中心化表现为，欧盟委员会不再是唯一有权实施欧盟竞争法的机构，成员国竞争执法机构在针对限制性协议以及滥用支配地位方面拥有与欧盟委员会同等的执法权限。在私人执行方面，去行政中心

---

〔1〕 DIRECTIVE 2014/104/EU OF THE EUROPEAN PARLIAMENT AND OF THE COUNCIL of 26 November 2014 on certain rules governing actions for damages under national law for infringements of the competition law provisions of the Member States and of the European Union, OJ L349/1, 5.12.2014, recital para（13）.

〔2〕 See Assimakis P. Komninos, "Public and Private Antitrust Enforcement in Europe: Complement? Overlap?", *The Competition Law Review*, Volume 3 Issue 1, 2006, 14.

〔3〕 依据《第17/62号条例》，成员国竞争执法机构仅在非常有限的范围内可以实施欧盟竞争法。

化表现为《第1/2003号条例》明确授权成员国法院直接适用欧盟竞争法的权力，使欧盟竞争法层面上的私人诉讼成为可能。欧盟委员会在《绿皮书》中就明确论述了私人执行在竞争法执行体系中的定位，提出《欧盟运行条约》第101条和第102条是通过公共执行与私人执行来实现的，两者都是执法系统中的组成部分，具有相同的目的，都是创造和维持竞争经济的重要工具。[1]2014年《损害赔偿诉讼指令》的颁布更是极大提升了欧盟竞争法损害赔偿诉讼的地位与便利性。因此，欧盟竞争法的私人执行与公共执行之间并不存在明确的优先关系，私人执行是独立于公共执行的，两者对于欧盟竞争法的有效实施以及个体权利的救济同等重要。公共执行并非私人执行的前提条件，私人主体可以不经公共执行直接提起民事诉讼。

最后，在功能定位方面，私人执行的一个重要功能是弥补公共执行的不足，体现在实施目标与效果层面。在实施目标层面，私人执行具有保障受害人直接获得损害赔偿的功能，这是公共执行所不具有的。在实施效果层面，私人执行可以弥补公共执行在执法资源上的不足。公共执行的执法资源总是有限的，难以保障所有的违法行为都能够得到相应的调查与处罚。私人执行是一种分散的执行机制，每个受害人都是独立的竞争法的实施者，私人执行有助于提升违法行为的侦查率，加强惩罚的威慑效果，并最终促进企业自觉守法。

（二）公共执行与私人执行程序协调与衔接的意义与范围

欧盟竞争法公共执行与私人执行之间的关系协调与程序衔接是保障欧盟竞争法一致适用与有效执行的前提与客观需要。欧盟竞争法强调竞争规则的"一致适用"（consistent application/uniform application）与"有效执行"（effective enforcement），《第1/2003号条例》在"序言"开头就明确提出该条例旨在"建立一个确保共同市场的竞争不被扭曲的体系，条约第

---

〔1〕 European Commission, Green Paper Damages actions for breach of the EC antitrust rules, Brussels, 19. 12. 2005, COM（2005）672final, pp. 3~4.

81 条和第 82 条必须在共同体中被有效且一致地适用"。[1] "一致适用"既表现为保障欧盟层面与成员国层面适用欧盟竞争法的一致性，也表现为公共执行与私人执行层面适用欧盟竞争法的一致性。《损害赔偿诉讼指令》在序言中就强调了确保公共执行与私人执行的有效实施是指令所追求的主要目标，"《欧盟运行条约》（TFEU）第 101 条和第 102 条是一个公共政策问题，应在整个欧盟范围内有效适用，以确保内部市场的竞争不被扭曲"。[2]

公共执行与私人执行之间的协调应当是贯穿整个竞争法实施过程中的，包括在实体法适用上遵循一致的原则和标准，也包括在程序上保持公共执行与私人执行的衔接。对于欧盟竞争法来说，实体法适用上的一致性是通过欧盟法院的初步裁决程序来实现的。欧盟法院作为唯一有权解释欧盟条约的机构，其裁决对于欧盟委员会、成员国竞争执法机构以及成员国法院都具有约束力，由此可以在极大程度上保证公共执行与私人执行在适用实体规则上的一致性。而公共执行与私人执行在程序规则上的衔接，对两者进行协调，使两种工具互动，会发挥竞争政策的最大效力，从而实现一致适用与有效执行。

公共执行与私人执行的协调与衔接主要体现在三个方面：其一，公共执行机构针对限制性协议、滥用支配地位所作出的违法认定在后继诉讼中的证明效力如何；其二，公共执行机构通过宽大程序所获得的证据是否可以向受害人披露，以便于后继诉讼的提起；其三，公共执行的罚款与私人执行的损害赔偿如何进行协调，以避免过度惩罚或者惩罚不足的问题。

---

[1] COUNCIL REGULATION (EC) No 1/2003 of 16 December 2002 on the implementation of the rules on competition laid down in Articles 81 and 82 of the Treaty, OJ L1/1, 4. 1. 2003, recital para (1).

[2] DIRECTIVE 2014/104/EU OF THE EUROPEAN PARLIAMENT AND OF THE COUNCIL of 26 November 2014 on certain rules governing actions for damages under national law for infringements of the competition law provisions of the Member States and of the European Union, OJ L349/1, 5. 12. 2014, recital para (1).

二、公共执行的最终决定在后继诉讼中的效力

(一) 公共执行最终决定的效力问题

在协调欧盟竞争法的公共执行与私人执行问题上，一个重要的议题是公共执行的最终决定在后继诉讼中是否具有证明效力，是否对成员国法院具有约束力。在《损害赔偿诉讼指令》中，最终决定或者最终违法决定 (final infringement decision) 被定义为一个不能或者不再能够通过通常途径上诉的违法认定。[1]这一问题又可以依据作出决定的主体而被细分为两个具体的问题：一是公共执行机构所作出的最终决定在后继诉讼中的证明效力如何，这里的公共执行机构既包括欧盟委员会，也包括成员国竞争执法机构；二是成员国法院所作出的判决是否对其他成员国法院具有约束力。

首先，在欧盟委员会与成员国法院的关系上，因成员国负有忠实合作义务，成员国法院应避免其裁决与欧盟委员会的意见相抵触，相反成员国法院的裁决对欧盟委员会是不具有约束力的。欧盟法院早在 Masterfoods 案中就强调了这一原则，即欧盟委员会在依据欧盟竞争法作出决定时不受成员国法院的约束。[2]换句话说，欧盟委员会在作出决定时无需考量成员国法院已经作出的裁决，即使成员国法院已经作出的裁决与欧盟委员会即将作出的裁决相抵触。反之依据《第 1/2003 号条例》第 16 条，成员国法院、成员国竞争执法机构应当避免采取与欧盟委员会相冲突的决定，为此在具体案件中成员国法院需要决定是否中止程序以等待欧盟委员会作出最终决定。

其次，当涉及成员国竞争执法机构与成员国法院的关系，以及不同成员国法院之间的关系时，通常是通过成员国国内法予以规范的，这其中包括：①本国竞争执法机构与他国竞争执法机构的最终决定在法院的承认问

---

〔1〕 DIRECTIVE 2014/104/EU OF THE EUROPEAN PARLIAMENT AND OF THE COUNCIL of 26 November 2014 on certain rules governing actions for damages under national law for infringements of the competition law provisions of the Member States and of the European Union，OJ L349/1，5.12.2014，Article 2 (12).

〔2〕 C-344/98, Masterfoods and HB〔2000〕, ECR I-11369, para48, 52.

题；以及②他国法院的生效裁决在本国法院的承认问题。在《损害赔偿诉讼指令》颁布之前，关于成员国竞争执法机构的最终决定在后继诉讼中的效力为何，各成员国的规定存在较大差异。部分成员国竞争法中存在相关条款，如德国《反对限制竞争法》第33b条规定执法机构的决定具有较广泛的约束力，不仅国内竞争执法机构所作的决定对德国法院有效，而且其他成员国竞争执法机构或法院所作出的决定或者判决也对德国法院有效。这一规则引发了诸多批评和疑问，首先，广泛的约束力意味着德国法院在审理过程中，需要确认其他成员国执法机构或者其他成员国法院是否在同一案件上作出过相应的认定或者裁决，这会极大提高审理的复杂性。[1]其次，一些观点质疑，这种缺乏例外情况的广泛约束力可能违背了《欧洲人权公约》和《德国基本法》（Grundgesetz）中关于保障抗辩权的规定。[2]当然也存在观点认为，这一规定不会与《欧盟人权公约》中的基本权利保护相冲突，因为公共执行本身受到《欧盟人权公约》的约束，其在保护被调查经营者权利的水平上要高于私人诉讼。[3]

欧盟委员会在《绿皮书》中建议将公共执法机构的最终决定对法院的约束力作为减轻后继诉讼原告举证负担的前提。[4]欧盟委员会在《白皮书》中将公共执法机构最终决定的约束力作为一个重点探讨的议题，明确指出成员国竞争执法机构的最终决定应当作为后继诉讼中不可反驳的证据。[5]肯定最终决定的证明效力一方面有助于保证欧盟竞争法在不同成员

[1] See Georg M. Berrisch, Markus Burianski, "Kartellrechtliche Schadensersatzansprüche nach der 7. GWB-Novelle: Eine Einschätzung der Zukunft privater Kartellrechtsdurchsetzung mittels Schadensersatzklagen in Deutschland", *WuW* 9/2005, 883.

[2] Georg M. Berrisch, Markus Burianski, "Kartellrechtliche Schadensersatzansprüche nach der 7. GWB-Novelle: Eine Einschätzung der Zukunft privater Kartellrechtsdurchsetzung mittels Schadensersatzklagen in Deutschland", *WuW* 9/2005, p. 883.

[3] Wouter P. J. Wils, "The Relationship between Public Antitrust Enforcement and Private Actions for Damages", *World Competition* Volume 32 No. 1, March 2009, p. 21.

[4] European Commission, Green Paper Damages actions for breach of the EC antitrust rules, Brussels, 19.12.2005, COM (2005) 672final, p. 6.

[5] European Commission, White Paper on Damages actions for breach of the EC antitrust rules, Brussels, 2.4.2008, COM (2008) 165final, pp. 5~6.

国的一致适用以及提高法律确定性，另一方面对于提升程序的有效性和效率具有较大意义。公共执行机构所作出的决定之所以成为最终决定，要么是经过了上诉期限自然生效，要么是经过上诉法院的司法审查被裁决生效。对于违法者来说，前者是其自身放弃了上诉的权利，默认该决定生效，后者是由上诉法院来确保该决定的正确性。因此，无论是违法者在后继诉讼中否认该决定的正确性，还是由后继诉讼法院再次对该决定的正确性进行重审，都不具有正当性与合理性，也不符合程序效率，反而会增加额外费用和不确定性。欧盟委员会在《白皮书》中建议，成员国竞争执法机构的最终决定应当对成员国法院具有强制约束力，成员国法院不得作出与该最终决定相违背的裁决。[1]这一建议被延续到《指令草案》中，《指令草案》第9条"国内决定的效力"规定，"成员国应保障，依据《欧盟运行条约》第101条或者第102条或者国内竞争法而提起的损害赔偿诉讼，当国内法院规制一个已经受限于国内竞争执法机构或司法审查法院的最终违法决定的协议、决定或行为时，该国内法院不能采取一个与上述违法决定相违背的意见。这一义务不损害条约第267条所规定的权利和义务"。[2]《指令草案》第9条对"国内决定的效力"采取了一个较为强硬的表达，即"这些（成员国）法院不能采取与（成员国竞争执法机构的）违法认定相违背的意见"。但是，第9条的规定仅限于一个成员国国内范围，即本国竞争执法机构的最终决定对本国法院的约束力问题，并未涉及跨成员国的情形。

最终《损害赔偿诉讼指令》第9条采取了一个折中的版本，同时解决了跨成员国的效力问题。第9条将成员国竞争执法机构最终决定的效力问题划分为两种情形：一是一国的国内法院应将本国竞争执法机构或司法审查法院的最终裁决视为"无可辩驳的"（irrefutably）证据；二是其他成员国竞争执法机构或司法审查法院的最终裁决至少应被视为"初步证据"

---

〔1〕 European Commission, White Paper on Damages actions for breach of the EC antitrust rules, Brussels, 2. 4. 2008, COM（2008）165final, p. 6.

〔2〕 《欧盟运行条约》第267条为欧盟法院的初步裁决程序条款。

（prima facie evidence）。根据欧盟的调查，在《损害赔偿诉讼指令》颁布后各成员国均将第 9 条的内容纳入国内法并保持较为一致性的实施，在德国与奥地利更是在立法上超越了第 9 条的内容，如德国《反对限制竞争法》在 2017 年第 9 次修订时延续了之前的"竞争执法机构所发布决定的约束力"条款（第 33b 条）。[1]第 33b 条仍然坚持最高程度的约束力规定，欧盟委员会、德国竞争执法机构以及其他成员国竞争执法机构所发布的最终决定对德国法院均具有约束力（binding effect），若其他成员国的法院作为该国的竞争执法机构，那么该成员国法院的最终裁决对于德国法院也具有约束力。

此外，还存在一个问题，如果欧盟委员会或者成员国竞争执法机构最终认定某项协议或者行为不构成违反竞争法，即"不适用决定"（finding of inapplicability），那么这一决定是否会影响受害人提起反垄断诉讼。事实上，公共执行机构的最终决定是根据其调查程序作出的，反垄断诉讼中的原告仍然可以通过提交新的证据来证明自己的诉求，个体的诉讼权利仍然可以得到保障。

（二）最终决定效力规则的相关争议

成员国竞争执法机构的最终决定是否应当对后继诉讼法院产生约束力或者证明效力，在理论研究中存在正反两面的观点。支持的观点主要基于三个方面，分别是减轻原告的举证负担、确保法律适用的一致性与确定性以及节省司法资源。

其一，后继诉讼的原告在证据收集方面处于劣势地位，为保证完全赔偿的实现，认可公共执行机构的最终决定的证明效力无疑极大减轻了原告的举证负担，在一定程度上也有助于鼓励受害人提起后继诉讼。

其二，认可公共执行机构最终决定证明效力的主要目标是确保欧盟法

---

[1] COMMISSION STAFF WORKING DOCUMENT on the implementation of Directive 2014/104/EU of the European Parliament and of the Council of 26 November 2014 on certain rules governing actions for damages under national law for infringements of the competition law provisions of the Member States and of the European Union, Brussels, 14. 12. 2020 SWD（2020）338 final, pp. 6~7.

律适用的一致性和确定性。欧盟立法者在《损害赔偿诉讼指令》"序言"部分提到"为提高法律确定性，避免条约第 101 条和第 102 条适用上的不一致，提高损害赔偿诉讼的有效性和程序效率并且培养为经营者和消费者（服务的）内部市场的功能，成员国执法机构或者司法审查法院的最终决定，包含认定违反条约第 101 条和第 102 条的最终决定不应在随后的损害赔偿诉讼中被再次审理"。[1]欧盟竞争法的确定性目标在 Delimitis 案中被欧盟法院所强调，其中特别提到，"应当注意国内法院在适用第 85 条第 1 款与第 86 条，以及第 85 条第 3 款所采取的意见与欧盟委员会所采取或者设想的意见相冲突的风险"。[2]"这些相冲突的意见违背法律确定性的一般原则，并且须在下列情形下予以避免，即当国内法院可能对（被诉）协议或者行为提出意见，而这些协议或者行为可能是欧盟委员会之后的意见的客体。"[3]若公共执行的最终决定在后继诉讼中具有很强的证明效力，法院在审理中无须再次审查所有相关事实与证据，在一定程度上有助于保障不同实施机构在适用欧盟竞争法上的一致性。同时，一致执行有利于保障法律确定性，提高诉讼的可预测性。

　　这种法律适用的一致性表现为公共执行与私人执行在适用欧盟竞争法上的一致性，其中包括欧盟委员会、成员国竞争执法机构作为欧盟竞争法的公共执行机构与成员国法院作为私人执行机构在适用欧盟竞争法上的一致性。[4]为协调三者关系，《第 1/2003 号条例》特别规定了欧盟委员会、成员国竞争执法机构与成员国法院之间的合作机制。在这种合作机制下，欧盟委员会的最终决定对成员国法院具有一定的约束力，因此问题在于成员国竞争执法机构的最终决定是否同样应当对成员国法院产生约束力。部

---

　　[1]　DIRECTIVE 2014/104/EU OF THE EUROPEAN PARLIAMENT AND OF THE COUNCIL of 26 November 2014 on certain rules governing actions for damages under national law for infringements of the competition law provisions of the Member States and of the European Union, OJ L349/1, 5.12.2014, Recital (34).

　　[2]　Case C-234/89, Delimitis v Henninger Br [1991], EUR I-00935, para 47.

　　[3]　Case C-234/89, Delimitis v Henninger Br [1991], EUR I-00935, para 47.

　　[4]　剌森："欧盟竞争法公共执行最终意见在私人诉讼中的证明效力研究"，载《法学论坛》2016 年第 3 期，第 157 页。

分观点认为，这种约束力应当仅及于本国公共执行机关对本国法院，不应出现跨成员国的情形；反之也存在观点认为不应在 ECN 成员国之间有所区分。[1]此外，根据欧盟的管辖权规则，后继诉讼的管辖法院可能距离违法行为发生地较远，加之公共执行与私人执行程序通常耗费较长时间，相比之下公共执行机构通过初次调查对证据进行认定，所得出结论的准确性很可能高于后继诉讼法院在一两年之后对证据的审查。目前《损害赔偿诉讼指令》选择对本国执行机构的最终决定授予一个避免再次审查的效力，而对于其他成员国执法机构的最终决定采用一个初步证据的底线标准，同时鼓励类似德国和奥地利这样高水平约束力的立法例。[2]

其三，认可执法机构最终决定的证明效力还有助于节省司法资源。对于执行成本来说，若赋予公共执行机构的最终决定以证据效力，有助于降低原告以及司法系统在证明违法上的成本，一定程度上简化并缩短了诉讼程序。尤其考量到所需证明的事项发生在另一成员国，这种结论性证据可以大大缓解法院和当事人在确认事实方面的困难并降低相关成本。

反对的观点关注欧盟成员国的司法主权，执法机构最终意见过强的证明效力可能会损害法院独立行使职权并且剥夺法院在私人诉讼中的功能。[3]当然，即使在《损害赔偿诉讼指令》颁布之前，国内法院也不能采取与欧

〔1〕 COMMISSION STAFF WORKING PAPER accompanying the WHITE PAPER on Damages actions for breach of the EC antitrust rules, ｛COM（2008）165 final｝｛SEC（2008）405-406｝, Brussels, 2. 4. 2008 SEC（2008）404, para 158. Josef Drexl, et al, European Commission-White Paper: Damages Actions for Breach of the EC Antitrust Rules, Comments by the Max Planck Institute for Intellectual Property, Competition and Tax Law, 39 IIC（International Review of Intellectual Property and Competition Law）2008, 2. 3.

〔2〕 DIRECTIVE 2014/104/EU OF THE EUROPEAN PARLIAMENT AND OF THE COUNCIL of 26 November 2014 on certain rules governing actions for damages under national law forinfringements of the competition law provisions of the Member States and of the European Union, OJ L349/1, 5. 12. 2014, para（35）.

〔3〕 Truli, Emmanuela, "White Paper on Damages Actions for Breach of the EC Antitrust Rules: The binding Effect of Decision Adopted by National Competition Authorities", 5 *Eur. Competition J.*, 2009, p. 813; Michael Grünberger, "Bindungswirkung kartellbehördlicher Entscheidungen", in: Möschel, Wernhard; Bien, Florian（Hrsg.）: Kartellrechtsdurchsetzung durch private Schadensersatzklagen? - Baden: Nomos, 2010, pp. 188~190.

盟委员会决定相冲突的裁决，这被明确规定在《第 1/2003 号条例》中，已经成为欧盟竞争法行之有效的一项规定。但是，涉及成员国国内竞争执法机构的决定，就可能存在一些争议。《损害赔偿诉讼指令》中现行的规则可以被视为在不同观点上寻求了一个可能的平衡。无论是"不可反驳的"决定，还是作为"初步证据"，都给被告行使抗辩权以及法院的独立角色留下了空间。此外，质疑的观点还在于公共执行机构的最终决定具有证明效力是否会导致执行错误成本的提升，即担心公共执行中的错误会被传导到私人执行中。尤其当一个成员国公共执行水平有限，司法审查也未能确保公共执行机构的决定在法律和事实上的准确性，赋予此类决定较强的证明效力，这种错误会在私人执行中再次被复制。

（三）公共执行机构最终决定的效力范围

公共执行机构最终决定的效力范围包括三个层面的问题：一是最终决定作为证据，其证明效力所及的地域范围；二是最终决定对人的效力范围；三是最终决定中哪些内容具有证明效力。首先，在地域范围方面，欧盟《损害赔偿诉讼指令》将最终决定的地域范围按照本国竞争执法机构以及其他成员国竞争执法机构的最终意见进行区分，并将两者赋予不同程度的证明效力。其次，在对人的效力范围上，虽然《损害赔偿诉讼指令》并未明确规范，但是理论上应当仅限于最终决定所认定违法的经营者。欧盟委员会也曾在《白皮书》中明确建议将人的范围限于"国内竞争执法机构或者司法审查法院所认定违法的同一行为和同一经营者"。[1]最后，最终决定的哪些内容应当具有证明效力，最终决定通常可以被划分为理由部分和执行部分。执行部分是指最终决定的结论部分，而理由部分是作出结论所依据的事实与证据。大多数研究都认可执行部分的证明效力，相关疑问存在于执法机构作出最终决定所依据的事实、证据与理由是否也应当具有一定的证明效力。一些学者认为最终意见的理由部分应当只具有说服力（per-

---

〔1〕 European Commission, White Paper on Damages actions for breach of the EC antitrust rules, Brussels, 2. 4. 2008, COM（2008）165final, p. 6.

suasive effect)，而非约束力或者证明效力。[1]限制非执行部分证明效力的好处在于，其可以减少在私人执行中最终决定被当事人滥用的风险，降低法律上的不确定性，同时也避免理由部分在不同法院适用时产生的不一致问题。

（四）承诺决定的效力问题

一个特别的问题是，承诺程序中竞争执法机构所采纳的承诺决定（commitment decision）对于后继诉讼是否应当具有证明效力。承诺决定本身不构成违法认定，不具有违法认定的效果，在《第 1/2003 号条例》中承诺决定与违法认定分别被规定在第 9 条和第 7 条。承诺决定在效力上存在一定的模糊性，其并非明确认定经营者的行为违法，但是又在一定程度上显示出经营者从事了某些受到竞争执法机构关切的行为。若赋予承诺决定在后继诉讼中以证明效力，那么承诺决定的法律后果在某种程度上与违法认定的法律后果趋同化，参与承诺程序的经营者可能在公共执行程序之后会面临大量后继诉讼，承诺程序的吸引力可能会被弱化。若否认承诺决定的证明效力，那么是否会对受害人提起后继诉讼形成阻碍，或者受害人是否可以通过对承诺决定提出上诉的方式，以获得其期望的证明效力，或者公共执行机构在作出承诺决定时是否应当同时考量受害人提起后继诉讼的利益。[2]欧盟《损害赔偿诉讼指令》并未明确回应承诺决定的证明效力这一问题。但欧盟委员会曾经就承诺决定的效力问题作出过解释，称"（《第 1/2003 号条例》）第 9 条的决定（承诺决定）对是否存在或是否仍然存在违反欧盟竞争法的行为保持沉默。因此，客户或竞争对手可能在国内法院寻求私人执行，但仍需要证明前者（被告）的行为是非法的，以获得损害赔偿"。[3]

〔1〕 Boris Andrejaš, Croatia, in: Pranvera K ë llezi et al (eds.), Antitrust for Small and Middle Size Undertakings and Image Protection from Non-competitors, Springer-Verlag Berlin Heidelberg 2014, pp. 76; Heribert F Köck, Margit Maria Karollus (Hrsg.), Die Modernisierung des EG-Kartellrechts: erste Erfahrungen der VO 1/2003, Baden-Baden: Nomos Verlagsgesellschaft 2008, p. 475.

〔2〕 COUNCIL REGULATION (EC) No 1/2003 of 16 December 2002 on the implementation of the rules on competition laid down in Articles 81 and 82 of the Treaty, OJ L1/1, 4.1.2003.

〔3〕 Commitment decisions (Article 9 of Council Regulation 1/2003 providing for a modernized framework for antitrust scrutiny of company behaviour), MEMO/04/217, Brussels, 17. September 2004.

为了分析承诺决定的证明效力，需要考量欧盟竞争法中承诺程序的性质。首先，关于承诺决定是否确定或暗示所指控的行为构成违反竞争法的行为。根据承诺程序，承诺决定是由竞争执法机构在初步评估确定竞争关切后作出的。《第1/2003号条例》第9条规定了欧盟竞争法的承诺程序，其中序言第22段明确提到，"欧盟委员会作出的承诺决定不影响（国内）法院和成员国执法机构适用条约第81条和第82条的权力"。[1]由此承诺决定与处罚决定在本质上是不同，承诺决定并未明确认定行为构成违法。但是承诺决定事实上暗示了，涉案企业从事了某种不利于市场竞争的行为，只是因为经营者主动停止实施该行为并消除不利影响而使执法机构放弃进一步调查和处罚。但是，在这期间违法行为可能已经发生，市场中的主体有可能已经受到损害。

其次，关于如何看待后继诉讼中承诺决定的效力问题，除了承诺的性质外，还应讨论两个关键问题：一是是否有必要对参与承诺程序的经营者进行适当保护，以确保承诺程序有效实施；二是利害关系人是否有权对承诺决定提起上诉。适用承诺的经营者可能成为反垄断私人诉讼的主要目标。承诺程度的目标是通过要求企业遵守法律来节约执法成本和消除可能的损害，旨在鼓励违法者尽快终止其反竞争行为，避免对社会造成进一步的损害。但值得怀疑的是，如果承诺决定具有"一定程度的证明效力"，例如作为"可反驳"或"不可反驳"的证据，那么后继诉讼是否会抑制违法者向竞争执法机构作出承诺。欧盟委员会就持有此类观点，认为承诺决定不应在后继诉讼中具有证明效力。尽管如此，承诺决定实际上告知了潜在受害人违法行为存在的事实，相关证据可以通过证据开示或其他可能的程序手段获得。

欧盟竞争法的承诺制度中存在对利害关系人的保护机制。欧盟委员会

---

〔1〕　Recital（22）COUNCIL REGULATION（EC）No 1/2003 of 16 December 2002 on the implementation of the rules on competition laid down in Articles 81 and 82 of the Treaty, OJ L1/1, 4.1.2003, 欧盟成员国大多在国内竞争法中规定了相应的承诺规则。以德国为例，在《反对限制竞争法》第32b条为"承诺程序"条款，程序由德国联邦卡特尔当局发起的，联邦卡特尔局经过初步评估，可以要求经营者。

在承诺程序中的市场测试阶段，需要邀请利害关系人提供相关意见。承诺决定作出后，欧盟委员会需要公开对承诺决定的内容并以简要版本的形式进行公示，并且根据市场测试的结果进行修改或废除。只有承诺决定通过市场测试，欧盟委员会才能发布有约束力的承诺决定。市场测试为利害关系人（如受害人）提供了有限的机会来陈述其利益并作出相应的调整。除此之外，利害关系人可以就承诺决定向法院提起上诉。一个相关的案例是De Beers[1]，在该案中第三方 Alrosa 作为利害关系人向欧盟普通法院提出上诉，尽管该上诉并非出于反垄断诉讼的目的。此外，受害人对承诺决定提出上诉，有可能获得更好地与违法者和解的机会。当然，时效规定也应同时进行调整，依据欧盟《损害赔偿诉讼指令》中现行的时效条款规定，在公共执行启动时，后继诉讼的时效应中止或中断限制。如果承诺决定已经作出，然后第三方提出上诉，那么时效的中止或中断会持续到上诉判决最终作出为止。

三、宽大程序的证据披露与民事诉讼之间的协调

（一）协调宽大程序与后继诉讼的意义

关于证据披露的一个重大争议是，后继诉讼的当事人是否可以获得宽大程序中的关键证据，特别是宽大声明（leniency statement）是否可以被披露。支持披露的观点认为，宽大程序申请人提交给竞争执法机构的证据通常难以通过其他渠道获得，允许证据披露可以极大程度上便利当事人提起后继诉讼。反对披露的观点认为，披露此类证据可能会抑制横向协议成员申请宽大程序的积极性，并导致宽大程序失去吸引力。一方面，宽大申请人可能成为此类后继诉讼的主要被告，并且他们很难反驳自己向执法机构提交的证据；另一方面，不合理地披露宽大程序中的证据可能导致包括商业秘密在内的机密信息被滥用，例如当事人获取证据的目的不是提起后继诉讼，而是获取竞争对手的商业秘密。鉴于保障宽大程序有效性以及便利

---

[1] Case T-170/06, Alrosa v Commission [2007], II-02601; Case C-441/07 P, Commission v Alrosa [2010], I-05949.

后继诉讼都是欧盟竞争法所追求的目标，有必要对如何协调两者进行探讨。

1. 宽大程序对于实施欧盟竞争法的意义

宽大程序对于欧盟竞争法实施的意义可以从公共执行与私人执行两个角度进行探讨。宽大程序是公共执行中的重要调查工具，是提高横向协议侦查率以及执法的成功率的有效手段，对公共执行与私人执行的有效实施都具有重要意义。宽大程序源于美国反托拉斯法，目的是鼓励横向协议成员主动认罪，并向竞争执法机构提供关键信息，以便揭露横向协议。横向协议本身具有极强的隐蔽性，在缺乏协议成员合作的情况下，执法机构往往难以通过其他调查工具发现协议的存在或者认定协议违法。1996 年欧盟于竞争法中引入宽大程序，颁布了《宽大通告》，并于 2002 年、2006 年与 2015 年对《宽大通告》进行了三次修订。[1]

宽大程序对于公共执行的意义主要表现在提高针对横向协议的侦查率，便于执法机构收集证据，降低执法的困难与成本，对横向协议产生一定的威慑效果等几个方面。宽大程序是通过鼓励横向协议成员积极与执法机构合作，主动提供能够协助执法机构发现并认定协议违法的信息和证据，以提高执法的成功率，降低执法机构在收集证据方面的困难与成本。此外，宽大程序在本质上是通过罚款减免来引诱成员背叛卡特尔组织，是一种动摇横向协议的外在力量。宽大程序有效地削弱了横向协议的稳定性，提高了横向协议的维持成本。

宽大程序并非与私人执行毫无关联，两者存在一种间接的联系，宽大程序对私人执行的贡献主要体现于高效的公共执行对后继诉讼的便利效应上。公共执行是后继诉讼存在的前提，没有公共执行，后继诉讼便无从谈起。由于横向协议的隐蔽性，受害人往往在执法机构采取调查活动后才得

---

〔1〕1996 年至 2015 年的《宽大通告》分别为：Commission Notice on the non-imposition or reduction of fines in cartel cases, OJ C 207, 18.07.1996, P.0004-0006；Commission Notice on Immunity from fines and reduction of fines in cartel cases, OJ C 45/3, 19.2.2002；Commmission Notice on Immunity from fines and reduction of fines in cartel cases, OJ C 298/17, 8.12.2006；Commission Notice on Immunity from fines and reduction of fines in cartel cases, OJ C 298, 5.8.2015.

知横向协议的存在以及自身所承受的损害，而宽大程序能够有效地揭露违法的协议。同时，通过宽大程序所获得的证据以及公共执行的最终认定结果若都能在后继诉讼中产生证明效力，能够极大地帮助受害人获得损害赔偿。

2. 宽大程序有效实施的前提

宽大程序之所以能够行之有效有两个重要的前提：一是罚款减免对违法者的吸引力，二是程序本身的透明度和可预见性。首先，宽大程序本质上是一种责任豁免制度，通过全部或者部分免除横向协议成员的法律责任，以激励其主动向执法者披露违法行为的信息和证据。理性的违法者在申请宽大程序之前都会进行成本—收益考量，考量继续实施横向协议与申请宽大程序可能带来的成本与收益。继续实施横向协议的成本通常由预期的罚款与损害赔偿、被认定违法后企业的名誉损失等构成，收益主要是横向协议所能带来的利润。而分析申请宽大程序的成本与收益，通常需要考量预期的罚款减轻、民事诉讼所带来的损害赔偿以及企业的名誉损失等因素。理论上，当申请宽大程序的收益成本差额明显大于继续实施横向协议的收益成本差额，理性的违法者就有申请宽大程序的动力，反之则不会申请宽大程序。因此，出于激励违法者主动申请宽大程序的目的，有必要在制度上确保继续实施横向协议会带来高成本，如提高罚款金额。加强处罚的严厉性有助于提高宽大程序的吸引力。

此外，阶梯式的罚款减免机制也有助于激励横向协议成员尽早向执法机构坦白。具体来说，阶梯式的罚款减免机制为违法者创造了一个优势策略，即先坦白的违法者相比后坦白的违法者能够获得更大程度的罚款减免。1996 年欧盟引入宽大程序时，就设定了阶梯式的罚款减免机制，并在后续 2002 年、2006 年与 2015 年的三次修订中不断完善。在 1996 年的《宽大通告》中，罚款的减免被划分为三档，"不施加罚款或者大幅降低罚款额度""大幅降低罚款"以及"显著降低罚款"。[1] 三档所对应的罚款

---

[1] Commission Notice on the non‐imposition or reduction of fines in cartel cases, OJ C 207, 18.07.1996.

减免幅度分别是 75% 至罚款免除、50% 至 75% 以及 10% 至 50%，企业获得相应罚款减免的条件也有所不同。[1] 2002 年《宽大通告》将罚款减免划分为罚款的免除与罚款的减轻两档，按照经营者申请宽大的先后顺序以及提供证据的情况给予罚款减轻或免除。[2]

其次，宽大程序本身的透明度以及罚款减免结果的可预见性对于宽大程序的有效实施具有重大意义，提高透明度与可预见性有助于激励企业申请适用宽大的意愿。宽大程序的透明度和可预见性意味着，潜在申请人可以预测其申请宽大后可能获得的罚款减免的结果。2002 年和 2006 年欧盟委员会均旨在提高该程序的透明度和可预见性，表现在罚款减免幅度、适用条件以及实施程序方面。其一，2002 年对《宽大通告》的修订将罚款的减免幅度进行了重新调整，将罚款免除与罚款减轻分隔开来，将罚款免除单独列为一档，只有第一个向欧盟委员会提交关键信息和证据并且满足相应条件的企业才能够获得罚款免除。对罚款减轻的幅度也进行了相应调整，从 1996 年《宽大通告》中的 75% 以上、50% 至 75%、10% 至 50% 三档，调整为 35% 至 50%、20% 至 30%、20% 以下。[3] 将罚款免除单独列为适用宽大程序的最优结果，相比 1996 年的最优结果——75% 以上的罚款减轻直至罚款免除，压缩了欧盟委员会在罚款减轻或免除上的裁量空间，提高了程序的确定性与可预见性。而对罚款减轻幅度的调整，即将罚款减轻的最高水平限定在 50%，进一步加强了罚款免除对违法经营者的吸引力。

其二，在 2002 年和 2006 年两次修订中，提高程序透明度与可预见性还表现在对宽大程序适用条件的调整上，一是明确限定了获得罚款免除与

---

〔1〕　根据 1996 年的《宽大通告》，罚款减免被划分为三档，若企业在收到异议声明之后向欧盟委员会提供有实质性帮助的证据或者告知欧盟委员会其对指控的事实无实质性异议，则可能获得 10% 至 50% 的罚款减免（"显著降低罚款"）；而若要获得 50% 至 75% 的罚款减轻，企业需要率先提出横向协议存在的决定性证据，在申请宽大期间停止继续实施横向协议，在调查期间保持持续与全面的合作，并且在横向协议实施期间没有强迫行为，也未充当煽动者或者发挥决定性作用；为获得 75% 以上的罚款减免直至罚款免除，除上述条件外，企业还需要在欧盟委员会启动调查之前向其通报横向协议的情况。

〔2〕　Commission Notice on Immunity from fines and reduction of fines in cartel cases, OJ C 45/3, 19. 2. 2002.

〔3〕　2006 年、2015 年欧盟委员会对《宽大通告》的修订维持了这一罚款减免幅度。

减轻的人数和申请顺位要求，罚款免除与各档罚款减轻的人数均被限定为一人，只有第一个提供能够使欧盟委员会开启调查或者认定协议违法证据的企业才有资格获得罚款免除，同样只有第一个提供具有重要附加价值证据的企业才有资格获得30%至50%的罚款减轻，第二个和第三个提供具有重要附加价值证据的企业分别获得20%至30%、不高于20%的罚款减轻。二是明确区分了罚款免除与罚款减轻对证据的要求，获得罚款免除的企业必须提供能够促使欧盟委员会启动调查或者认定横向协议违法的证据，而罚款减轻仅要求企业提供具有重要附加价值的证据。对人数的限定、明确规定申请顺位要求以及明确区分证据的标准都有助于企业预测申请宽大程序的结果。

其三，在宽大程序的实施方面，标记顺位规则（maker）的建立对于提高程序的透明度和可预见性具有重大意义，是对欧盟委员会裁量权的有效限制。在1996年与2002年的《宽大通告》中，欧盟委员会在决定是否给予罚款免除或者减轻上拥有较大裁量权。1996年的《宽大通告》规定，欧盟委员会作出罚款减免的时间点是在行政调查程序结束后，作出最终决定时，只要满足三档罚款减免所对应的条件即可被授予罚款减免，同时若企业未被授予"不施加罚款或者大幅降低罚款额度"或者"大幅降低罚款"，仍有机会获得"显著降低罚款"的待遇。[1]2002年《宽大通告》引入了一个初步的顺位排序机制，要求竞争总司按照提供证据的日期向企业发出收取证据的回执，在针对罚款免除采取立场之前，竞争总司不得考量任何申请罚款减轻的经营者所提交的证据。现行的顺位标记规则在2006年的《宽大通告》中成形，顺位标记作为正式申请的替代方案，当经营者在申请宽大时尚若无法提供相应的证据，可以先申请一个顺位，待后续在指定期限内提供相应的证据，才构成正式申请并获得罚款免除。若经营者在指定期限内无法提供相应的证据，其顺位将被取消。顺位标记提高了程序的透明度，使经营者更容易预测其申请宽大程序的结果。

---

〔1〕 Commission Notice on the non-imposition or reduction of fines in cartel cases, OJ C 207, 18/07/1996 P. 0004-0006.

关于宽大程序对于公共执行的意义，根据欧盟委员会的统计，2002 年和 2006 年的两次改革大幅提高了宽大程序的透明度与可预测性。从统计数据来看，1996 年至 2002 年《宽大通告》修订之前共有 17 个卡特尔案件获得宽大，而在 2002 年《宽大通告》修订之后至 2005 年底，宽大申请的数量上涨到 167 件，2006 年《宽大通告》再次修订之后至 2008 年底，申请罚款免除的数量为 50 份，申请罚款减轻的数量为 30 份。[1]

3. 证据披露对宽大程序有效实施的潜在影响

横向协议的受害人披露宽大程序中的证据可能带来正反两面的影响，从正面来看，允许披露证据对于受害人提起后继诉讼是重要的，因为通过宽大程序获取的证据对于认定横向协议违法具有关键作用，并且这些证据是难以通过其他途径获得的。宽大程序中的证据是由横向协议的成员向竞争执法机构提供的，竞争执法机构尚未掌握的、能够协助竞争执法机构启动调查程序或者认定横向协议违法或者具有"重要附加价值"的证据。为获得罚款免除，经营者需要提供宽大声明以及其他证据。宽大声明是申请人为了申请宽大程序而特别制作的，需要包括横向协议的详细信息、协议成员信息等竞争执法机构无法从其他渠道获取的信息。而其他证据是申请人拥有的或者在提交证据时可获得的与横向协议有关的证据，包括与违法行为同期的所有证据。宽大声明与其他证据均须符合欧盟委员会尚未掌握，且达到能够启动调查或者认定协议违法的程度。为获得罚款减轻，经营者需要提供具有"重要附加价值"的证据，"附加价值"基于欧盟委员会已经掌握的证据，是指所提供的证据因其本身的性质和/或其详细程度而加强了欧盟委员会认定横向协议的能力。若上述证据能够向横向协议的受害人进行披露，则能够帮助其准确判断是否提起诉讼，或者有助于提高原告的胜诉率以及法院在后继诉讼审判中的正确性。

---

〔1〕 Francois Arbault & Francisco Peiro, *Competition Policy Newsletter. Number* 2, Competition Directorate of the European Comission, 2002, p. 15；European Commission（2006），Competition：Commission Proposes Changes to the Leniency Notice-Frequently Asked Questions, MEMO/06/357；European Parliament（2009），Parliamentary Questions：Joint Answer Given by Ms Kroes on Behalf of the Commission to Written Questions E-0890/09, E-0891/09, E-0892/09, 2 April 2009.

但是，允许披露证据也可能对企业申请宽大的积极性产生负面影响，主要体现在抑制经营者申请宽大程序的积极性方面。宽大程序中的证据是经营者收集、制作并向竞争执法机构提供的，具有自证其罪的性质，宽大程序申请人在后继诉讼中难以对此类证据进行反驳。一旦允许向后继诉讼中的原告披露此类证据，将会导致宽大申请人在后继诉讼中处于极端不利的地位。这一点也是欧盟委员会反对披露宽大程序中证据的主要理由，在National Grid 案中，欧盟委员会表达了对披露宽大程序中证据的忧虑，提出为鼓励经营者在揭露卡特尔上积极与执法机构合作，有必要避免其在民事诉讼中处于不利地位，这意味着应当在调查期间和调查结束后对宽大声明进行保密。[1] 披露宽大程序中的证据，特别是宽大声明，无疑会加重申请宽大程序的成本，从而抑制协议成员申请宽大程序的积极性。欧盟委员会在 National Grid 案中的观点与欧盟法院在 Pfleiderer 案与 Donau Chemie and Others 案中所提出的"利益衡量测试"不同，"利益衡量测试"强调应当对宽大程序与私人诉讼各自所代表的利益进行衡量，对证据开示的积极效果与消极效果进行衡量，来决定是否允许受害人查阅公共执行中的证据。"利益衡量测试"意味着欧盟法院拒绝承认宽大程序与私人执行之间存在明确的优先关系，两者所代表的利益孰重孰轻应由成员国法院在个案事实的基础上进行衡量，而欧盟委员会则明确认为保护宽大程序的有效实施要优先于鼓励私人诉讼。

在允许证据披露的情况下，宽大程序申请人的不利地位也同时源于其可能面临后继诉讼所带来的大量损害赔偿。宽大程序的结果仅限于对竞争执法机构所施加的罚款进行减免，而不及于成员国法院所受理的后继诉讼，一旦败诉，宽大获得者仍然要承担后继诉讼所带来的民事赔偿责任。《宽大通告》明确规定"授予罚款免除或者减轻的事实不能确保企业免受因违反《欧共体条约》（EC Treaty）第 81 条（现《欧盟运行条约》第 101

---

[1] *National Grid Electricity Transmission plc v. ABB Limited and others*：*Observation of the European Commission pursuant to Article* 15（3）*of Regulation* 1/2003，para. 12.

条）的民事后果".[1]从私人执行独立于公共执行的角度来看，后继诉讼中的民事责任具有赔偿受害人的意义，因获得宽大而免除或减轻这种民事赔偿责任可能在合理性和正当性上存在疑问。但是，从宽大程序有效实施的角度来看，宽大程序的吸引力在于罚款的免除或者减轻，但当宽大程序申请人预计到未来可能面临大规模的损害赔偿之诉时，这种吸引力就可能被严重削弱。

此外，证据披露还可能导致机密信息的滥用，特别是竞争对手或者交易相对人可能会滥用这一制度，寻求获取横向协议成员的机密信息并用于其他目的。在欧盟竞争法中，机密信息是包含商业秘密在内一切需要保密的信息。通常来说，机密信息具备"仅为有限的人知悉""披露会导致利益损害"以及"披露所损害的利益客观上是值得保护的"三项特征。宽大声明、其他证据以及具有"重要附加价值"的证据可能本身就构成机密信息，这些信息是否可以向披露申请人进行披露，披露后如何防止上述信息被滥用，也是允许证据披露所应回应的一个重要问题。

（二）禁止披露宽大声明的正当性与合理性分析

当前《损害赔偿诉讼指令》第6条第6款完全禁止对宽大声明进行披露，完全禁止意味着成员国应当通过制度明确，国内法院无论在什么情况下均不得以损害赔偿之诉为由，要求当事人或者第三方披露宽大声明。同时予以完全禁止披露的还有和解意见书（settlement submissions）。完全禁止披露宽大声明在理论研究与实践中具有一定的争议性，完全禁止意味着后继诉讼中的当事人永远没有机会查阅宽大声明，无论是向竞争执法机构进行申请，还是向法庭申请开示证据。对宽大程序中的证据进行披露涉及多方当事人的利益、宽大程序与后继诉讼的有效实施，对这一问题进行考量必须将协调公共执行与私人执行作为最终目标，同时考量程序的有效性以及对各方合法权益的保障。总体来说，协调宽大程序中对证据的保护与后继诉讼中的证据获得应当首先考量两者之间是否存在优先关系。具体来

---

　　[1]　Commission Notice on Immunity from fines and reduction of fines in cartel cases, OJ C 298, 5. 8. 2015.

说，协调两者关系，需要考量各方利益与程序有效性，包括：①后继诉讼中原告对关键证据的需求；②宽大获得者在后继诉讼中的不利地位；③程序的不确定性。

1. 证据保护与证据获得之间的优先关系

宽大程序的有效实施要求对宽大程序申请人所提供的证据进行保护，而后继诉讼中受害人在取证上的困难又需要便利证据获得制度。证据保护与证据获得之间矛盾的解决，需要考量程序中不同当事人之间利益的冲突、个体利益与公共利益之间的冲突以及公共执行与私人执行之间的优先关系。[1]首先，宽大程序中证据保护与证据获得之间的矛盾反映了不同利益上的冲突，具体表现在两个方面：其一，宽大程序申请人在证据保密方面的利益与后继诉讼原告的损害赔偿之间的冲突。事实上，对宽大程序中的证据进行保密并不是绝对的，考虑到利益平衡，也可以进行披露或者允许特定人进行查阅。例如在调查结束后，为保障其他横向协议成员在程序中的抗辩权，允许收到异议声明的协议成员查阅宽大声明。为此，《宽大通告》明确指出，"在公共利益下保护宽大声明并非禁止向收到异议声明的主体披露，以保障他们在欧盟委员会程序中的抗辩权，只要在技术上有可能将这两种利益结合起来，使宽大声明只能在欧盟委员会的办公场所获得，并且通常在正式告知异议声明后的单一地点"。[2]其二，个体利益的保障与程序有效性所带来的公共利益的保障之间的冲突。证据保护与证据获得都同时具有保障个体利益与公共利益的效果，对宽大程序中的证据进行保护不仅是出于保护宽大程序申请人的个体利益，也是基于保障宽大程序与公共执行的有效实施。而便利证据获得也同此理，便利后继诉讼中原告证据获得，不仅能够保障横向协议受害人的个体利益，还是为了通过便利私人诉讼来最终实现公共利益。

---

[1] 剌森："论反垄断法实施中的信息分类保护"，载《经贸法律评论》2022年第5期，第49页。

[2] Commission Notice on Immunity from fines and reduction of fines in cartel cases, OJ C 298, 5.8.2015, para (7).

其次，公共执行与私人执行之间是否存在一种内在的优先顺序，两者之间的优先顺序决定了公共执行中的重要证据在后继诉讼中的保密边界，也决定了获得宽大的经营者在后继诉讼中是否能够得到责任的减免。如前所述，在欧盟竞争法中，公共执行与私人执行之间并不存在明显的内在优先顺序。私人执行独立于公共执行而存在，两者在定位上是互相独立的且在功能上是互相补充的。这种相互独立的定位体现在公共执行并非私人执行的强制前置程序，受害人可以在公共执行结束后提起后继诉讼，也可以不经公共执行，单独提起独立诉讼。成员国法院直接适用欧盟竞争法，在审理反垄断诉讼时不受任何竞争执法机构的限制与干涉。公共执行与私人执行之间的互相独立意味着公共执行并不优先于私人执行，公共执行所追求与维持的目标价值也并不高于私人执行。同时，公共执行与私人执行在功能上是互相补充的，表现为两者的互相补充。私人执行对公共执行的补充效果体现在民事诉讼能够有效弥补公共执行执法资源有限的问题，而公共执行对私人执行的补充效果表现为成功的公共执行为受害人提起后继诉讼奠定了基础。公共执行对私人执行的补充作用既包括公共执行的最终决定对于后继诉讼具有证据价值，也包括宽大程序中的证据具有便利提起后继诉讼的效果。公共执行与私人执行之间的互相补充需要通过加强程序上的衔接来实现，鉴于宽大程序的重要价值以及公共执行与私人执行之间的关系，有必要对宽大程序进行优先保护，特别是保障宽大程序的证据的保密性以及宽大程序对横向协议成员的吸引力。

2. 后继诉讼原告的证据需求与取证困难

在针对横向协议的后继诉讼中，原告需要证明因果关系和损害数额。而《损害赔偿诉讼指令》已经减轻了原告（尤其是直接购买人）在证明因果关系和损害方面的困难，第 17 条第 2 款规定了横向协议造成损害的可反驳推定。但是，应当注意到，即使存在这样的推定，在反垄断诉讼中仍然需要翔实的信息与数据。此外，关于损害的计算，原告和法院也都依赖详细的数据和事实，特别是运用计量经济学和回归分析进行论证与证明。在横向协议案件中，计量经济学分析通常被用来评估协议和价格之间的关系，这种分析对数据的要求相对较高。计量经济学分析的准确程度取决于所提交的数据是否充分、可靠，以及函数或模型是否适合数据。因此，反垄断诉讼对可用的信息和数据的数量、类型以及准确性均提出了较高的要求，其中一些信息和数据可以从宽大程序中获得，并在后继民事诉讼中向当事人披露。

至于宽大声明中信息的重要性，首先需要讨论的就是受害人所需的证据是否必须来自宽大声明。《损害赔偿诉讼指令》将"宽大声明"定义为"由企业、自然人及其代理人自愿向竞争执法机构提供的口头或书面陈述，描述该企业或自然人对横向协议的认知及其在横向协议中的角色，该陈述是专门为提交给竞争执法机构而起草的，目的是根据宽大程序获得罚款的免除或减轻，不包括（竞争执法机构已经掌握的）现有信息"。[1]为了获得罚款免除或减轻，申请人需要提交关于横向协议的作用和他们在横向协议中角色的信息，包括：①横向协议的详细内容；②所有协议成员的姓名和地址；③所有参与人员的姓名、职位、办公地点和家庭住址；④关于已经接触或打算接触的其他竞争当局的资料；⑤其他证据。横向协议的详细内容包括协议的目的、所涉行为和作用，产品或服务，地理范围，持续时间和估计的市场销量，协议的日期、地点和参与者，以及所有相关的解释。为获得罚款的减轻，向欧盟委员会提供的证据必须具有"重要附加价值"。当然，上述一些基本信息也可以在非保密文件中找到，例如在欧盟委员会所发布的最终决定中。但是，其他一些对损害的认定和量化至关重要的信息，在非保密文件中很难找到，诸如被告在协议中的角色与市场销量有关的详细数据等。事实上，宽大声明中的部分信息难以通过竞争执法机构的行政调查或其他方式所获得，且此类信息达到足以证明协议违法的程度。

---

〔1〕 DIRECTIVE 2014/104/EU OF THE EUROPEAN PARLIAMENT AND OF THE COUNCIL of 26 November 2014 on certain rules governing actions for damages under national law forinfringements of the competition law provisions of the Member States and of the European Union, OJ L349/1, 5.12.2014, Article 2（16）.

目前《损害赔偿诉讼指令》完全禁止宽大声明在后继诉讼中的证据开示，无法真正缓解原被告之间在证据上的不对称，难以实现私人执行所追求的完全赔偿目标。首先，私人执行的首要目标是保障受害人能够得到完全的赔偿，而绝对禁止开示宽大声明可能导致受害人无法获得认定协议违法的关键证据，这与完全赔偿这一目标是不一致的。其次，在制度上确立宽大声明证据开示，可能会激励协议成员尽早与受害人达成和解。在不同的案件中，受害人对所需要的证据可能有不同的要求。相比之下，事实上通过个案审查的方式能够更有效地保证证据开示与保护宽大程序有效性之间的平衡关系，欧盟法院在 Pfleiderer 案和 Donau Chemie 案中也支持这样的个案审查模式。同时，法院可以自行评估损害赔偿的请求或开示证据的请求是否具有价值，以及证据开示是否会被原告所滥用。

3. 宽大获得者在后继诉讼中的不利地位

针对宽大获得者是否因证据披露而在后继诉讼中处于不利地位，理论研究中存在两类观点：一种观点认为应当允许后继诉讼的当事人查阅所有文件，包括宽大程序中的重要证据，并适当减轻宽大获得者在后继诉讼中的法律责任；另一种观点认为应当通过各种保密措施，使后继诉讼中的当事人无法查阅宽大程序中的重要证据，但是应当保障成员国法律能够获知相关信息和证据，例如由欧盟委员会或者成员国竞争执法机构在后继诉讼中扮演"法庭之友"的角色，对案件事实提供意见，以协助成员国法院查明事实。因此，证据披露是否导致宽大获得者在后继诉讼中处于不利地位，有必要从宽大获得者的民事责任减免以及机密信息保护两个方面进行讨论。

（1）宽大获得者的民事责任减轻

在讨论宽大获得者的民事责任减轻之前，有必要对民事责任的减免与完全赔偿原则之间的关系进行探讨。完全赔偿原则是欧盟竞争法私人执行的首要原则，完全赔偿意味着修复受害人所承受的一切赔偿，使其恢复到损害发生之前的状态。完全赔偿原则所保障的是受害人的损害赔偿权，而实现受害人的损害赔偿权是欧盟竞争法私人执行最主要的价值目标。因此，对宽大获得者在后继诉讼中民事责任的减免仍然应当是在保障完全赔偿原则的前提下进行。民事责任的免除意味着宽大获得者在后继诉讼中无须再承担任何赔偿责任，即使其直接购买人和间接购买人也无权要求其进行损害赔偿。完全免除宽大获得者的民事责任可能会导致完全赔偿无法实现。

《损害赔偿诉讼指令》第 11 条第 4 款为获得罚款免除的宽大申请人的（罚款免除接受者）连带责任的限制条款，该款要求成员国保证罚款免除接受者仅向直接、间接购买人（或者供应商）以及无法从其他违法者获得完全赔偿的受害人承担连带责任，除此之外其不承担任何连带责任。[1]换句话说，在保障完全赔偿的前提下，罚款免除接受者在后继诉讼中的连带责任被减轻，其仅在两种情形下承担连带责任：一是对其自身的直接购买人和间接购买人；二是对同一横向协议的受害人且该受害人无法从其他违法者处获得完全赔偿。限制罚款免除接受者的连带责任可以被视为对其民事责任的减轻。

在宽大获得者的民事责任减免上，除了当前欧盟《损害赔偿诉讼指令》中的模式，美国模式也值得参考，美国允许罚款免除接受者不向其购买人承担三倍惩罚性赔偿，仅承担补偿性赔偿。[2]有学者建议，按照垄断协议成员在宽大程序中的贡献比例对其民事责任予以减轻，而未能获得罚款减轻或者免除的协议成员承担全部的连带责任。[3]在欧盟《损害赔偿诉讼指令》颁布之后，德国立法者也在德国《反对限制竞争法》中设定了罚款免除接受者的连带责任减轻条款，第 33e 条第 1 款限制了在宽大程序中获得罚款免除的经营者在后继诉讼中的连带责任，规定罚款免除接受者仅

---

〔1〕 DIRECTIVE 2014/104/EU OF THE EUROPEAN PARLIAMENT AND OF THE COUNCIL of 26 November 2014 on certain rules governing actions for damages under national law for infringements of the competition law provisions of the Member States and of the European Union, OJ L349/1, 5. 12. 2014, Article 11 (4).

〔2〕 Section 213 of Antitrust Criminal Penalty Enhancement and Reform Act of 2004 (ACPERA).

〔3〕 See Philipp Kirst, Roger Van den Bergh, "The European Directive on Damages Actions: A Missed Opportunities to Reconcile Compensation of Victims and Leniency Incentive", *Journal of Competition Law & Economics*, 2015, pp. 1~30.

对自身的直接或者间接购买人承担损害赔偿责任，这一限制也同样适用于其他违法者根据连带责任追偿的情形。第 33e 条同时规定了罚款免除接受者不承担连带责任的例外情况，即在时效期限内，在其他受害人无法获得完全赔偿的情况下，罚款免除接受者才会对其他受害人承担赔偿责任。

在衡量竞争法执行的威慑效果方面，减轻民事责任与披露宽大声明之间存在一定的内在联系。当横向协议成员在决定申请宽大程序之前，会衡量两种情形的成本与收益：一是停止实施横向协议，申请宽大程序；二是放弃申请宽大程序，继续实施横向协议。申请宽大的违法者可能成为后继诉讼中原告的主要目标，并且其很难反驳自身在宽大程序中所提交的证据。后继诉讼可能会削弱横向协议成员申请宽大的积极性，尤其考量到巨额的损害赔偿。因此，对连带责任进行限制可以大大降低罚款免除接受者在后继诉讼中处于不利地位的风险，因为罚款免除接受者只需对自己的直接和间接交易相对人承担责任。在限制连带责任的情况下，即使允许受害人查阅宽大声明，罚款免除接受者处于不利地位的风险也会被降低。另外，罚款免除接受者向同一横向协议的其他受害人承担损害赔偿的风险也较低。在欧盟只有第一个报告并且符合《宽大通告》中所规定的条件的经营者才能获得罚款的免除。一般来说，横向协议的主要成员均是某一行业的大企业，无力支付损害赔偿的情况较为少见，因此罚款免除接受者承担全部赔偿责任的风险相对较低。此外，横向协议成员无力支付损害赔偿的问题还可以通过调整罚款数额来解决，以确保完全赔偿的实现，这一问题将在下一部分中进行讨论。

此外，关于当前的规定是否会抑制后续的宽大申请人（即获得罚款减轻的经营者）参与宽大程序的积极性，因为宽大声明的披露也同样将导致这些获得罚款减轻的经营者在后继诉讼中处于不利地位。不可否认，获得罚款减轻的经营者很可能在后继诉讼中处于不利地位，但是考量到罚款免除接受者的罚款与民事损害赔偿责任被双重减轻，可能会进一步激励宽大程序申请人积极与竞争执法机构合作，在获得罚款免除上开展"坦白的竞赛"。为了获得罚款免除，宽大申请人会更加积极主动地准备和提交证据，这对维持公共执行的效率来说是更有利的。当然，根据《宽大通告》，当第一个宽大程序申请人已经被标记，欧盟委员会对前一个申请人作出决定之前，不会考虑给予后一个申请人的待遇。在这种情况下，后来的申请人必然会对宽大程序望而却步。但是从宽大程序有效性的角度上来说，鼓励更多经营者参与宽大程序无疑是一种更好的选择。

（2）滥用机密信息的风险防范

宽大声明可能包含大量的机密信息，需要在后继诉讼中加以保护。目前，欧盟竞争法已经对宽大申请人的身份信息以及宽大声明中的其他信息进行了较为严格的保护，制定了具体的保护制度与保密措施。具体保护范围包括宽大申请人的身份信息与所提交的证据。在最终决定公布之前，宽大申请人的身份信息是被严格保密的。而对宽大声明等证据的保密是持续的，唯一的例外是在向涉嫌违法的经营者发出异议声明时，允许该经营者查阅信息，包括查阅其他经营者提供的宽大声明。收到异议声明的经营者查阅宽大声明也是受到严格限制的，查阅的主体仅限于经营者及其法律顾问，查阅的方式不包括以机械或者电子方式复制任何信息，查阅的目的仅限于保障经营者的抗辩权，查阅的信息不得用于其他目的。其他任何当事人，如举报人都无权查阅宽大声明。

但是此时的查阅信息也仅在严格的限制下才能进行，首先，有权查阅宽大声明的主体仅为同一案件中涉嫌违法的其他经营者，其他主体包括举报人、利害关系人等都无权查阅宽大声明。同时要求经营者对自己提供的宽大声明进行保密。经营者对自己提交的宽大声明进行保密构成获得罚款免除或者减轻的前提条件，《宽大通告》禁止申请罚款免除和减轻的经营者在欧盟委员会发出异议声明之前披露任何申请宽大的事实和内容，除非该披露得到欧盟委员会的同意。[1]如果经营者主动泄露自己在宽大声明中

---

〔1〕 Commission Notice on Immunity from fines and reduction of fines in cartel cases, OJ C 298, 5.8.2015, para (12).

提供的信息，宽大声明的保护将被视为失效。[1]其次，查阅的目的必须是保障涉嫌违法的经营者在行政程序中的抗辩权，当机密信息属于证明违法行为所必需的信息（定罪文件），或者免除一方责任所必需的信息（无罪文件）时，如果欧盟委员会认定证明违法或者保障抗辩权的价值目标高于保护机密信息的价值目标，可以允许收到异议声明的经营者查阅此类机密信息。再次，查阅的方式也受到严格的限制，不允许复制信息，查阅所获得的信息仅能用于行政程序以及针对行政程序的上诉中。若经营者将查阅所获信息泄露，或者用于其他目的，将会被处罚。最后，在欧盟委员会与成员国竞争执法机构的合作上，宽大声明只能根据《第 1/2003 号条例》中所规定的信息交换规则进行传递（第 12 条）。成员国竞争执法机构在收到欧盟委员会所传递的宽大声明后，应提供同等水平的保密措施。

根据目前的《欧盟委员会与成员国法院合作通告》，欧盟委员会被禁止向成员国法院传递宽大声明，以避免严重损害宽大程序的有效性。[2]这意味着不仅是欧盟委员会和成员国法院之间的信息传输不包含宽大声明，而且欧盟委员会作为"法庭之友"，提交给成员国法院的意见中也不应包含宽大声明中的信息。因此，绝对禁止披露宽大声明可能会减弱《第 1/2003 号条例》第 15 条赋予欧盟委员会的"法庭之友"功能。

与完全禁止披露宽大声明相比，欧盟法院在 Pfleiderer 案和 Donau Chemie and Others 案中所提出的"利益衡量测试"是否一定不利于机密信息的保护？"利益衡量测试"是由成员国法院对证据开示的请求采取的个案审查模式，是在个案事实的基础上对各方利益进行的全面衡量。对"利益衡量测试"不利于机密信息保护的担忧主要来源于对成员国法院自由裁量的不信任，质疑由成员国法院自行决定是否披露宽大声明会产生裁量标准不一致，或者降低披露门槛的风险，并最终导致机密信息的滥用。事实

[1] Commission Notice on Immunity from fines and reduction of fines in cartel cases, OJ C 298, 5.8.2015, para (33).

[2] COMMUNICATION FROM THE COMMISSION Amendments to the Commission Notice on the cooperation between the Commission and courts of the EU Member States in the application of Articles 81 and 82 EC, DJ C25615.5.8.2015, para 3.

上，在欧盟法中，欧盟法院的初步裁决程序是解决成员国法院裁量标准不一致的主要途径，而在诉讼中对机密信息进行保护可以通过保密措施来实现。此类保密措施在欧盟法和成员国程序法中均较为普遍。在欧盟法中，常见的保密措施诸如禁止查阅或者限制查阅范围，对机密信息进行编辑，制作非保密版本或者保密摘要以供查阅，任命独立的第三方专家负责查阅信息、数据室（data room）和保密圈（confidential ring）等。《宽大通告》中也存在针对宽大声明的保密措施，如禁止查阅宽大声明的经营者复制宽大声明中的信息，或者宽大声明中的信息仅能用于行政程序及针对行政执法的上诉，这些措施也同样有助于在后继诉讼中确保宽大声明中的机密信息不被滥用。

总之，在后继诉讼中允许向原告披露宽大声明未必会导致罚款免除接受者处于不利地位。一方面，根据目前的欧盟《损害赔偿诉讼指令》，罚款免除接受者在后继诉讼中无需承担连带责任，披露宽大声明导致罚款免除接受者处于不利地位的风险较低。另一方面，在现有的民事诉讼程序中，存在很多程序性工具可以用来保护宽大声明中的机密信息。

4. 程序中的不确定性

如上所述，宽大程序的透明性和可预测性对其有效实施至关重要，欧盟和美国在宽大程序改革前后的案件数量也验证了这一论断。[1]在这一问题上，欧盟委员会和欧盟法院存在较大分歧，欧盟法院提出采取"利益衡量测试"，由负责审理的成员国法院在个案事实基础上判断是否批准当事人查阅宽大声明（个案审查模式）。但这一模式遭到欧盟委员会的强烈反对，欧盟委员会认为这种个案审查的模式会严重影响宽大程序的确定性，从而抑制潜在申请人主动适用宽大程序。

---

〔1〕 欧盟宽大程序改革前后的案件数量变化见前文。美国于1993年对公司宽大程序进行了改革，主要的改革内容是限缩司法部反垄断局在适用宽大程序上的自由裁量权力。根据相关的统计，在改革前司法部反垄断局每年收到1项宽大程序申请，但是在改革后能够实现每个月收到1项申请，2002年至2003年的前6个月宽大程序申请数量已经上涨到每个月3项。James M. Griffin, *The Modern Leniency Program After Ten Years—A Summary Overview of the Antitrust Division's Criminal Enforcement Program*, U. S. Department of Justice（12 August 2003）.

但这种针对程序不确定性的恐惧从何而来，是需要深入讨论的。首先，在个案审查的模式下，对于罚款免除接受者来说，损害赔偿是可预测的。一方面，罚款免除接受者的连带责任已经被严格限制，其仅需面向直接间接交易相对人和无法实现完全赔偿的受害人承担赔偿责任。即使考量到部分协议成员可能无力支付的情况，这种预测也并不困难。宽大程序申请人在申请宽大之前会进行相应的成本收益分析，将申请宽大程序可能导致的风险与可能获得收益进行比较。虽然涉及的变量较多，但是进行一个相对准确的预测仍然是可能的。但是从受害人的角度来看，一刀切地绝对禁止披露宽大声明，会导致受害人丧失获得必要证据的唯一机会，不符合《损害赔偿诉讼指令》所追求的完全赔偿与修复正义的精神。

其次，另一项不确定因素涉及当事人在成员国之间"挑选法院"（forum shopping）的问题。不同成员国的国内法院在对待证据披露上的态度存在着较大差异，这会增加当事人"挑选法院"的风险，以及不同成员国法院对同一案件判决结果相冲突的风险。毫无疑问，在个案审查的情况下，英美法系国家通常对诉讼中的证据开示持较为开放的态度，而大陆法系国家多持较为保留的态度。大陆法系成员国之间对证据开示的规定也有所不同。以德国为例，德国的《民事诉讼法》（Zivilprozessordnung）缺乏审前的证据开示制度，证据开示的主要途径是德国《民事诉讼法》第421条和第428条，其中第421条规定如果证据为对方当事人所持有，可以申请法院指定对方出示证据；第428条规定当事人可以申请获得由第三方持有的证据。依据德国《民事诉讼法》第142条规定，德国法院可以主动指示当事人和第三方提供证据。德国法传统认为，举证是当事人自己的义务，要求对方当事人提供对自己有利的证据是不符合公平原则的。[1] 对宽大程

---

〔1〕　2017年德国在修订《反对限制竞争法》时，对反垄断民事诉讼条款进行了大规模的改革，通过引入实体权利来解决反垄断诉讼缺乏证据开示制度的问题，赋予当事人申请披露证据的权利以及披露证据的义务。德国《反对限制竞争法》第33g条为"要求提交证据与提供信息"条款，根据该条的规定，诉讼中的原被告均有权要求对方开示证据，开示证据是持有证据一方的义务，前提是申请披露证据的一方能够可信地证明其存在获取证据的诉求，并且能够在合理的现有事实的基础上尽可能精确地指明所需的证据。

序申请人来说，对证据开示持保留态度的成员国法院无疑更具有吸引力。诚然，目前《损害赔偿诉讼指令》规定，禁止在后继诉讼中将宽大声明纳入证据开示的范围，这一规定会使成员国法院之间在这一问题上保持相对一致性，成员国法院在证据开示上的自由裁量权被削弱。但是，各成员国在民事诉讼程序上的差异必然导致"挑选法院"的风险。对证据开示在欧盟层面设置更为具体的前提条件有助于缓解"挑选法院"的问题。

（三）结论

综上，目前《损害赔偿诉讼指令》采取"完全禁止披露宽大声明+限制宽大申请人连带责任"的模式来处理宽大程序与后继诉讼在证据披露方面的矛盾。这种模式包含三层意涵：一是欧盟委员会在任何情况下都不会将宽大声明移交成员国法院以供民事诉讼使用；二是即使当事人获得宽大声明中的相关证据，该证据也应当被法院视为不可采纳的证据；三是因宽大获得罚款免除的经营者在后继诉讼中仅对自己的直接和间接购买人承担损害赔偿责任，不再承担连带责任，除非完全赔偿无法实现。这种模式虽然能够避免宽大程序申请人在后继诉讼中处于不利地位，但是不利于便利后继诉讼中原被告的证据获得。考量到兼顾宽大程序有效实施与便利后继诉讼的目标，允许适当披露宽大程序中的关键证据，并同时减轻罚款免除接受者在后继诉讼中的民事责任具有一定的合理性。

四、罚款与民事损害赔偿之间的协调

公共执行与私人执行双轨制下，违反欧盟竞争法的经营者可能面临三种惩罚后果，即仅需承担公共执行带来的罚款、仅需承担私人执行所带来的损害赔偿以及同时需要承担公共执行与后继诉讼所带来的罚款与损害赔偿。针对违法行为仅进行罚款或者仅进行损害赔偿可能产生威慑效果不足的问题，而针对同一违法行为同时或者先后进行罚款和损害赔偿又可能带来威慑效果过度的风险。威慑过度与威慑不足都不符合欧盟竞争法所追求的有效实施目的，违背法律责任所应遵循的比例原则。因此有必要分析在三种不同情形下惩罚的威慑效果，以及如何通过制度设定避免威慑过度或威慑不足的情形。

（一）最优执行的相关理论

关于惩罚措施的威慑效果，孟德斯鸠（Montesquieu）、贝卡里亚（Cesare Beccaria）以及边沁（Jeremy Bentham）早期都进行过研究。贝卡里亚在《论犯罪与刑罚》中提出刑罚应当与犯罪相称，并且呈现阶梯式，按照行为对社会的危害程度对其刑罚从高到低进行排列。[1]1968年，经济学家加里贝克（Gary Becker）发表了著名的《犯罪与刑罚：一个经济学路径》（"Crime and Punishment：An Economic Approach"），深刻地影响了法律执行的威慑效果研究。在贝克之后，法经济学家将最优威慑理论引入了反托拉斯法，针对在反托拉斯法中追求最优执法、最优处罚展开研究。[2]关于执法本身的成本，Page（1980）提出在确定反托拉斯政策的最优执行水平时，有必要考量低效率的诉讼所带来的成本。[3]Landes（1983）认为对于反托拉斯行为最优的处罚应当等同于受害人的净损害（net harm），从而将威慑的范围限制在无效率的违法行为上，应允许富有效率的行为的存在。[4]

在评价对违反竞争法行为的处罚是否达到最优威慑效果方面，存在两个不同的评价路径，即"基于收益的路径"（gain-based approach）与"基

---

〔1〕［意〕切萨雷·贝卡里亚：《论犯罪与刑罚》，黄风译，北京大学出版社2008年版，第17~19页。

〔2〕 See William H. Page, "The Scope of Liability for Antitrust Violations", 37 *STAN. L. Rev.* 145, (1985), 1445-1512; see Frank H. Easterbrook, "Treble What?", 55 *Antitrust L. J.* pp. 95~101, 1986; see Michael Kent Block, Frederick Carl Nold, Joseph Gregory Ssupraak, "The Deterrent Effect of Antitrust Enforcement", *Journal of Political Economy*, Vol. 89 No. 3 1981, pp. 429~445; William Breit, Kenneth G. Elzinga, "Private Antitrust Enforcement: The New Learning", *Journal of Law and Economics*, Vol. 28, No. 2, Antitrust and Economic Efficiency: A Conference Sponsored by the Hoover Institution (May, 1985), pp. 405~443; see P. Buccirossi and G. Spagnolo, "Optimal Fines in the Era of Whisteblowers. Should Price Fixers still Go to Prison?", in V. Goshal and J. Stennek (Eds.), The Political Economy of Antitrust, Elsevier, North Holland (2007).

〔3〕 See William H. Page, "Antitrust Damages and Economic Efficiency: An Approach to Antitrust Injury", *The University of Chicago Law Review*, Vol. 47, No. 3 (Spring, 1980), pp. 467~504.

〔4〕 See W. M. Landes, "Optimal Sanctions for Antitrust Violations", 50 *The University of Chicago Law Review* 652-678 (1983)

于损害的路径"（harm-based approach）。基于收益的路径设定处罚的数额，其威慑效果是基于剥夺违法者因违法行为而获得的利益，使从事违法行为无利可图而产生。而基于损害的路径更关注违法行为对社会福利所造成的影响，处罚的数额等同于社会的福利损失，由此将损害内化。依据基于损害的路径来设定处罚，修复违法行为所导致的社会损害。若违法行为所带来的收益超出对社会的损害，违法者可以保留超出的部分。[1] 关于采取哪种路径来设定处罚更为合理，存在分歧，Polinsky/Shavell（1994）比较了基于收益而设定的处罚和基于损害而设定的处罚，认为基于收益的路径可能会产生诸如对违法行为威慑不足、对有益行为过度威慑的效果。[2] 其主要观点在于，虽然实践中经常基于收益来设定处罚数额，因为相比损害，收益更容易被计算，但是一旦收益被低估，即所设定的处罚低于处理违法行为实际所需的成本，那么违法行为对于社会的损害仍旧无法获得弥补。相反，若基于损害来设定处罚数额，虽然损害在计算上难免存在偏差，但是即使预期的损害大于收益，也不会产生威慑效果不足的结果。Polinsky/Shavell（1994）认为上述原理不仅适用于过错责任，也适用于无过错责任的情形。在无过错责任的情形下，当违法行为所带来的收益低于损害时，基于收益的路径仅没收收益，违法者仍有动力继续从事违法行为，只有当收益大于损害时，基于收益的路径才会产生威慑效果。此外，二人认为基于收益的路径可能会对有益社会的行为产生不必要的寒蝉效应。

若以损害为基础设定处罚，可以将最优的处罚水平用下列公式表示：

最优处罚=预期损害 * 1/定罪率

无论是哪种评价路径，最优执行都是基于成本最小化的这一前提构建的，即同时降低违法行为的损害以及执行成本。执行成本包括侦查/调查

〔1〕 See Gary S. Becker, "Crime and Punishment: An Economic Approach", (1968) *Journal of Political Economy*, pp. 198~199; see William M. Landes, "Optimal Sanctions for Antitrust Violations", (1983) 50 *University of Chicago Law Review* 652.

〔2〕 See A. Mitchell Polinsky, Steven Shavell, "Should Liability Be Based on the Harm to the Victim or the Gain to the Injurer?", *Journal of Law, Economics, & Organization*, Vol. 10, No. 2, (Oct., 1994), pp. 434~435.

的成本、实施处罚的成本。在 Becker（1968）的观点中，侦查率达到100%既不可能也无必要，因为执法本身是具有成本的。[1]因此，在考量最优执行时，需要考量最小化社会损害，包括行为所导致的损害和执行成本。Becker（1968）认为罚款优于其他类型的处罚（诸如有期徒刑），因为罚款是以最低的执行成本同时实现处罚和修复的效果。[2]他提出，当处罚足够高，并且定罪率接近零时（假设所有当事人均为风险中性），最优威慑和最小化成本就会出现。在 Becker 的理论的基础上，Landes（1983）在其《反托拉斯违法的最优处罚》（Optimal Sanction for Antitrust Violation）一文中探讨了反托拉斯执法中的最优威慑效果。[3] Landes（1983）提出反托拉斯法的最优执行应当遵循净损害规则（net harm rule），即处罚应当仅威慑无效的违法行为，不应造成过度威慑效果，因此罚款应当以对受害人的净损害为基础进行计算。

除了损害和侦查率，应当承认公共执行与私人执行都可能导致错误成本，包括第 I 型错误（假阳性）与第 II 型错误（假阴性）。在第 I 型错误的场景下，执法者错误地把合法行为认定为违法，预期的处罚可能会过高，过度威慑的风险可能会抑制符合效率的商业行为。反之在第 II 型错误的场景中，执法者错误地将一个违法行为认定为合法，预期处罚水平会较低，更多个体会选择从事违法行为。两类错误的最终结果都是由社会作为整体来承担。

（二）最优执行下罚款的不足

1. 罚款计算过程中的威慑效果考量

《第 1/2003 号条例》第 23 条第 2 款（a）项是欧盟委员会对经营者或

---

〔1〕　See Gary S Becker,"Crime and Punishment: An Economic Approach",(1968) *Journal of Political Economy*, pp. 169~217.

〔2〕　理论研究中也存在不同的观点，例如 Werden/Simon（1987）认为在特定的卡特尔案件中，相比有期徒刑，罚款会导致较低程度的威慑效果。特别是对于雇员来说，其通常更厌恶有期徒刑，愿意支付罚款。See Gregory J. Werden, Marilyn J. Simon,"Why Price Fixers Should Go to Prison?", 32 *The Antitrust Bull.* 917-937 (1987), 937.

〔3〕　See W. M. Landes,"Optimal Sanctions for Antitrust Violations", 50 *The University of Chicago Law Review* 652-678 (1983).

经营者协会违反条约第 101 条和第 102 条的行为施加罚款的法律依据，规定"欧盟委员会可以通过决定向经营者和经营者协会施加罚款，当其故意或过失地：（a）违反了条约第 81 或 82 条（现第 101 和 102 条）"。第 23 条第 2 款第 2 段和第 3 段设定了罚款的天花板，即上一经营年度总营业额的 10%，第 3 款规定了欧盟委员会应基于"违法行为的严重程度和持续时间"决定罚款的数额。第 23 条仅是对欧盟委员会实施罚款这一权力的一个概括性规定，为细化相关罚款计算方法，欧盟委员会发布了《罚款指南》。[1] 该指南规定了罚款的计算方法，即首先计算罚款的基本数额，然后通过加重和减轻因素以及涉及威慑效果的因素来调整基本数额，得出最终的罚款数额。《罚款指南》强调了罚款应当具有惩罚与威慑的双重功能。因此罚款是否具有足够的威慑效果也是欧盟委员会在设定罚款数额时的重要考量因素之一。如前所述（第二章"罚款与定期罚款"），欧盟竞争法针对卡特尔的罚款计算程序主要分为两步，第一步是根据产品的销售价值确定罚款的基本数额，同时考量卡特尔的违法性与持续时间；第二步是依据加重或者减轻条件、威慑效果等因素对基本数额进行调整。欧盟委员会对罚款是否具有足够的威慑效果会进行专门考量，并针对两种特定情形提高罚款，一是营业额特别大、已经超过违法行为相关的商品或服务的销售额，二是当前罚款低于违法行为的不正当收益数额。[2]

2. 罚款威慑效果的有限性

（1）相关学者的实证研究

以卡特尔为例，Connor/Lande（2008）观察了 647 份平均溢价的样本，发现所有类型卡特尔溢价的中位数为 25%（本国卡特尔为 17%~19%，国际卡特尔为 30%~33%）。[3] Connor/Bolotova（2006）研究了 250 年间 800

---

〔1〕 Guideline on the method of setting fines imposed pursuant to Article 23 （2）（a）of Regulation No 1/2003, 2006/C 210/02, para 2.

〔2〕 Guideline on the method of setting fines imposed pursuant to Article 23 （2）（a）of Regulation No 1/2003, 2006/C 210/02, paras 30-31.

〔3〕 See John M. Connor and Robert H. Lande, "Cartel Overcharge and Optimal Cartel Fines", in: 3 *ISSUES IN COMPETITION LAW AND POLICY* 2203（ABA Section of Antitrust Law 2008）, 2215.

个固定价格卡特尔样本，发现溢价率的中位数为 19%。[1] Connor/Helmers（2006）研究了 1990 年至 2005 年 283 个国际核心卡特尔，证明北美和欧洲的核心卡特尔溢价率为 24%。[2] 依据学者的研究，相比从卡特尔获得的收益，即使是罚款的最高额——10%的营业额也难以达到最优的威慑效果。Smuda（2013）在其文章中提出，在欧盟，预期的最大罚款是 11.35%（基于卡特尔的平均持续期为 5.7 年，溢价率中位数为 21.9%），最高罚款远低于溢价率；并提出最优的罚款应当为被影响销量的 374.49%。[3] 此外，以营业额为基础设定罚款，罚款的大小取决于经营者的营业额，与违法行为的收益以及对社会的损害之间的关联度不高。Catherine Craycraft et al.（1997）发现真实的罚款通常低于最优罚款数额，因为执法机构或法院会考量经营者的支付能力以及罚款对社会的影响。[4]

（2）罚款数额的限制：制度层面的视角

欧盟竞争法针对卡特尔的罚款数额存在三个制度上的限制，分别是10%营业额作为罚款的上限、无能力支付以及侦查率的不足。这三项限制在实现罚款的最优威慑效果上存在一定的局限性。

在计算罚款的过程中，设定罚款上限以及考量企业支付能力的主要目的在于避免罚款数额过高而导致经营者面临破产的风险。欧盟竞争法针对限制性协议和滥用支配地位的罚款上限为上一年度总营业额的 10%，这一上限在任何情形下都不得被突破。另外，"无能力支付"是指在经营者的申请下，欧盟委员会有义务根据经营者在特定社会和经济背景下支付罚款

〔1〕 See John M. Connor, Yuliya Bolotova, "Cartel Overcharges: Survey and Meta-Analysis", *International Journal of Industrial Organization* 24.6（2006），1134.

〔2〕 See John M. Connor, C. Gustav Helmers, "Statistics on Modern Private International Cartels", AAI Working Paper No. 07-01，38.

〔3〕 See Florian Smuda, "Cartel Overcharges and the Deterrent Effect of EU Competition Law", *Journal of Competition Law & Economics*, 10（1），2013，pp. 83~84. 根据 Smuda 的计算，卡特尔的侦查率为 33%，溢价中位数为 21.9%，平均持续期为 5.7 年，因此卡特尔的平均最优罚款为（3×5.7×21.9%）= 374.49%被影响的销量。

〔4〕 See Joaquín Almunia, Janusz Lewandowski, INFORMATION NOTE of Inability to pay under paragraph 35 of the 2006 Fining Guidelines and payment conditions pre- and post-decision finding an infringement and imposing fines, SEC（2010）737/2, Brussel, 12 June 2010.

的能力，对罚款数额进行调整。"无能力支付"的认定标准为，罚款将不可挽回地危害有关经营者的经济生存能力并导致其资产失去所有价值，因此需要评估经营者的"盈利能力、资本化、偿付能力和流动性"。[1]欧盟委员会将"失去所有价值"解释为经营者因罚款而承受了破产的风险并且员工失业、以大幅折扣价出售资产。[2]在2003年"法国牛肉案"（French Beef）中，欧盟委员会曾将疯牛病所带来的牛肉消费量降低认定为特定经济背景，对六家参与牛肉卡特尔的企业分别减少60%的罚款。[3]

罚款上限与根据"无能力支付"而降低罚款必然会在一定程度上限制罚款的威慑效果。关于避免企业破产风险与实现罚款威慑效果之间的优先顺序，欧洲学者存在分歧。当前的罚款计算方法倾向于避免破产风险，因为企业破产不仅导致市场中的竞争被削弱（企业破产而导致竞争者数量降低），还可能带来失业等社会问题。相反的观点认为，即使罚款可能导致破产的风险并且降低市场中竞争者的数量，也不应牺牲威慑目标，因为从长期来说企业守法程度的提高符合竞争法实施目标。破产并非总是不利的，如果破产是符合效率的，并且经营者的资产能够很快地处置，对竞争的损害很低，甚至近似于零。[4]能够因"无能力支付"而获得罚款减轻的企业往往是效率低下、管理不善或者杠杆率过高的，而管理健全、财务状况良好的企业很少有机会获得罚款减轻，这与竞争秩序中的优胜劣汰是相违背的。[5]

侦查率可以粗略被划分为"识别行为违法的概率"（detection rate）与"认定行为违法的概率"（conviction rate）。相比大量存在的反竞争行为，侦

〔1〕 Guidelines on the method of setting fines imposed pursuant to Article 23 (2) (a) of Regulation No 1/2003，OJ C 210/2, 1. 9. 2006，para 35.

〔2〕 Joaquín Almunia, Janusz Lewandowski, SEC (2010) 737/2, Brussel, 12 June 2010, para 9.

〔3〕 Case COMP/C. 38. 279/F3 — French beef, OJ L 209/12, para180-186.

〔4〕 See P. Buccirossi and G. Spagnolo, "Optimal Fines in the Era of Whisteblowers. Should Price Fixers still Go to Prison?", in V. Goshal and J. Stennek (Eds.), The Political Economy of Antitrust, Elsevier, North Holland (2007), p. 13.

〔5〕 See Philip Kineapfel, Geert Wils, Inability to Pay—First Cases and Practical Experiences, Competition Policy Newsletter.

查率总是偏低的。在执法人力、物力有限的情况下，侦查率很可能是偏低的。从欧盟委员会的执法经验来看，目前每年作出最终决定的案件数量是极为有限的。依据欧盟委员会的数据，1990 年至 2022 年期间欧盟委员会针对卡特尔的执法数量仅为 153 件。

欧盟委员会作出最终决定的卡特尔案件数量（1990 年~2022 年）[1]

年度	最终决定数量
1990 年~1994 年	10
1995 年~1999 年	9
2000 年~2004 年	29
2005 年~2009 年	33
2010 年~2014 年	31
2015 年~2019 年	26
2020 年~2022 年	15
共计	153

当然，违反竞争法的行为通常是隐蔽的，受害人往往难以发现其承受了损害，因此准确计算侦查率是困难的。一些学者尝试对侦查率进行估计，通常认为卡特尔的侦查率为 10% 至 33%。[2] Bryant/Eckard（1991 年）估计美国的卡特尔侦查率为最高为 13%~17%。[3] 作为比较，Polinsky/Shavell（2000 年）提出 1997 年美国入室盗窃的侦查率为 13.8%，汽车盗窃为 14.0%。[4] 由于侦查率难以被准确计算，很难根据现存的罚款水平来

〔1〕　数据来自欧盟委员会竞争总司网站。

〔2〕　See John M. Connor, Robert H. Lande, "The Size of Cartel Overcharges: Implications for U. S. and EU Fining Policies", 51 *Antitrust Bull.*, 2006, 987; see Mark A. Cohen, David T. Scheffman, "The Antitrust Sentencing Guideline: Is the Punishment Worth the Cost?", 27 *AM. CRIM. L. REV.* (1989), p. 342.

〔3〕　See Peter G. Bryant, E. Woodrow Eckard, "Price Fixing: The Probability of Getting Caught", *The Review of Economics and Statistics*, Vol. 73, No. 3 (Aug., 1991), p. 535.

〔4〕　See A. Mitchell Polinsky, Steven Shavell, "The Economic Theory of Public Enforcement of Law", *Journal of Economic Literature*, Vol. 38, No. 1 (Mar., 2000), p. 71.

判定执法的威慑效果。

(3) 其他因素：执行成本与错误成本

除了罚款额度和侦查率，罚款的威慑效果还可能受到其他因素的影响，包括执行成本和错误成本。最优执行理论追求的是违法行为所导致的总成本最小化，即违法行为的直接成本（对社会造成的损害）与执行成本最小化。违法行为的直接成本与执行成本呈负相关。提高执法成本有助于制止与威慑更多的违法行为，从而降低违法行为对社会造成的损害。而当执法成本不足时，违法行为的数量可能会增多，从而导致直接成本上升。

公共执行可以被划分为两个程序阶段：侦查（包括侦查和认定）以及干预。涉及侦查，竞争执法机构获取足够证据本身是需要成本的，现存的一些制度诸如吹哨人（whistle-blower）、宽大程序、行业监控、市场筛选等可以在一定程度上便利信息获得，节省执法成本。在干预方面，执法成本主要表现为制止与威慑违法行为所应支付的成本，特别是实施惩罚措施所需支付的成本。根据贝克的研究，相比刑事上的有期徒刑，罚款是最佳的执行工具，以最低的成本实现执行的目的。[1]

首先，执行中出现的错误可能表现为假阳性（第 I 型错误）或假阴性错误（第 II 型错误），从而导致威慑不足与威慑过度的问题。第 I 型错误与第 II 型错误有可能使经营者难以预测其商业行为的法律后果，可能进一步导致资源分配的无效率，竞争法的目的难以实现。同时，守法的经营者也面临执行错误所带来的风险。公共执行的错误可能会影响后继诉讼，通过错误地激励私人主体提起诉讼（第 I 型错误）或者是错误地抑制私人主体提起诉讼（第 II 型错误）。而守法水平的提高也会带来执行错误的降低。

其次，当执法机构的最终决定基于更准确的信息时，错误成本就可能会降低。执行成本的提高也可能导致某种程度上错误成本的降低。除了宽大程序和和解程序，竞争执法机构与法院的独立性对于降低错误成本也具有重要作用。

---

〔1〕 See Gary S. Becker, Crime and Punishment: An Economic Approach, (1968) Journal of Political Economy, pp. 198~199.

（三）最优执行下损害赔偿的不足

私人执行的不足可以从两个角度进行衡量：首先，与美国反托拉斯法的三倍惩罚性赔偿相比，欧盟竞争法的完全赔偿原则难以弥补 30% 的侦查率；其次，私人执行的本质可能导致最小化社会成本的目标难以实现。

1. 完全赔偿的不足

在私人诉讼中，损害赔偿数额的大小决定了惩罚的程度，也在一定程度上决定了经营者提起私人诉讼的动机。完全赔偿的有限性首先源于私人执行通常仅能赔偿静态损害，即溢价。对于动态损害，存在观点认为私人执行难以弥补违法行为对创新的损害。[1]

更重要的是，在威慑效果方面，完全赔偿难以达到三倍惩罚性赔偿的威慑效果。美国《克莱顿法》第 4 条是三倍惩罚性赔偿的制度依据，其规定"任何人因反托拉斯法禁止的行为致使其经营或财产遭受损害，可以因此起诉……并且应被修复其所承受的损害的三倍以及诉讼成本，包括合理的代理费。"美国在反托拉斯诉讼中设定三倍惩罚性赔偿是基于对违法行为的侦查率事实上难以达到 100%。一般来说，侦查率被估算为 10%~33%。[2] 因此，考量到只有 1/3 的卡特尔被侦查到，三倍赔偿事实上旨在威慑所有潜在的卡特尔。

但是，在欧盟适用三倍赔偿是具有一定困难的，首先，欧盟的执法体系与美国执行体系存在明显差异。在美国，私人诉讼在执行体系中占据主导地位，几乎 90% 的反托拉斯诉讼为私人诉讼。在《损害赔偿指令》发布之前的很长一段时间内，公共执行都是欧盟竞争法与成员国竞争法的主导力量。其次，欧盟成员国的国内法体系中也缺乏惩罚性赔偿。依据 Ashurst Report 的观点，大多数成员国法中损害的类型是补偿性和修复性的，惩罚性赔偿仅存在于个别成员国，诸如爱尔兰、塞浦路斯。即使在这两个国家

---

〔1〕　See Daniel A. Crane, "Optimizing Private Antitrust Enforcement", 63 *Vand. L. Rev.* 675-723 (2010), 688-689.

〔2〕　See John M. Connor, Robert H. Lande, "The Size of Cartel Overcharges: Implications for U. S. and EU Fining Policies", 51 *Antitrust Bull.*, 2006, 987; see Mark A. Cohen, David T. Scheffman, "The Antitrust Sentencing Guideline: Is the Punishment Worth the Cost?", 27 *AM. CRIM. L. REV.* (1989), 342.

中，惩罚性赔偿也是很少实施的。部分成员国也提出惩罚性赔偿与其国内损害赔偿体系不相符。美国反托拉斯法来源于英国法，私人执行发达存在其特定的历史背景。《谢尔曼法》颁布的早期，美国缺乏公共执行的预算，私人执行作为一个必要的替代执行力量而存在。这一历史传统在欧盟竞争法执行体系中并不存在。

2. 私人诉讼的无效率与过度诉讼问题

考量到诉讼本身的成本高昂，私人诉讼可能难以达成社会成本最小化的结果。诉讼所带来的社会成本包括由当事人和司法体系所共同承担的成本以及违法行为所导致的损害。而受害人在诉讼与其他争议解决机制之间进行选择时，也会考量各机制所带来的成本与收益。

Shavell（1997）讨论了私人诉讼过度和不足的两种场景，并总结到"提起诉讼与诉讼的社会价值之间不存在必然的联系"。[1] 他提出当诉讼总成本超过由诉讼所带来的威慑净收益时，诉讼是过度的，因为花费高额的诉讼成本与预防措施成本是为了追求社会损害的小额减少。赔偿可以被认为是当事人的福利转移，其本身没有增加任何的社会福利。当损害超过预防措施的成本并且由诉讼威慑效果所带来的损害减少，诉讼可以促进社会收益的提高。

Stephenson（2005）在 Shavell 研究的基础上，总结了私人执行难以实现社会成本最小化的三项原因。[2] 首先，私人执行的执行成本作为负外部性，难以被原告所抵消。其次，私人受害人在提起诉讼时，更多的是考量其成本—收益，而非社会成本及收益，这也是私人执行与公共执行的一个

---

[1] See Steven Shavell, "The Fundamental Divergence between the Private and the Social Motive to Use the Legal System", *The Journal of Legal Studies*, Vol. 26, No. S2 (June 1997), p. 584. 根据 Shavell 的研究，假设违法行为的损害为 1000 美元，原告和被告的诉讼成本分别均是 300 美元。被告预防措施成本为 150 美元。如果预防措施成本导致损害减少 50%，总社会成本为 150+1600×50% = 950 美元，低于 1000 美元的损害，诉讼是符合效率的。如果预防措施成本导致损害降低可能性为 75%，社会成本为 150+1600×75% = 1350 美元，诉讼是无效率的，提起诉讼会导致社会成本的提高。

[2] See Matthew C. Stephenson, "Public Regulation of Private Enforcement: The Case for Expanding the Role of Administrative Agencies", *Virginia Law Review*, Vol. 91, No. 1 (Mar., 2005), 93-173.

明显区别。最后，原告基于不利的意图提起包括恶意诉讼在内的无价值诉讼，强迫被告与其达成和解。当出现敲诈和解（black settlement）时，可能会导致执行威慑不足的后果，因为违法者所支付的数额通常是低于其所应承受的惩罚额度的。[1] Shavell 以交通事故诉讼的赔偿为例，说明公共政策不应鼓励此类不良诉讼。通过诉讼来获得损害赔偿是不符合效率的，相比之下保险是更高效的赔偿工具。

（四）罚款与损害赔偿的协调

1. 罚款和损害赔偿协调的必要性

除了单独的公共执行与私人执行，后继诉讼的威慑效果也应当被纳入考量。后继诉讼意味着违法者同时需要承担公共执行中的罚款与私人执行中的损害赔偿，两者叠加可能导致过度惩罚，并进一步使违法者面临无能力支付和破产的危险。因此需要考量在后继诉讼中，如何对罚款与损害赔偿进行协调。部分学者也针对这一问题展开研究，Hüschelrath（2013）在"以收益为基础的路径"上提出一个罚款与损害相协调的公式，以实现后继诉讼中的最优威慑，即 $Min\ F = (G/a) - D$，其中 a 代表认定违法行为的概率，G 代表因违法行为而获得的收益，F 代表公共执法机构所施加的罚款，D 代表支付给受害人的损害赔偿。当经营者因违法行为所获得的收益与侦查率确定时，罚款和损害赔偿的数额就可以进行协调，以防止执法的威慑过度或威慑不足。此外，Thorsten Mäger/Thomas B. Paul（2014 年）在其文章中探讨了依据比例原则与"一事不再理"对罚款进行调整。[2] 与损害赔偿相比，对罚款的数额进行调整更加容易，在欧盟竞争法中损害赔偿的数额遵循完全赔偿原则，任何的提高或降低损害赔偿都会导致受害人权利无法实现，因此以下主要讨论对罚款额度的调整。

---

〔1〕　See William M. Landes, Richard A. Posner, "The Private Enforcement of Law", *The Journal of Legal Studies*, Vol. 4, No. 1 (Jan., 1975), 42.

〔2〕　See Thorsten Mäger, Thomas B. Paul, The Interaction of Public and Private Enforcement the Calculation and Reconciliation of Fines and Damages in Europe and Germany, in: Hüschelrath and Schweitzer (eds.), Public and Private Enforcement of Competition Law in Europe: Legal and Economic Perspectives, (Springer-Verlag Berlin Heidelberg 2014), pp. 90~91.

2. 对罚款的调整

对罚款进行调整可能出现在两个不同的场景中：一是私人诉讼在前，公共执行在后，即公共执行机构已知违法者承担了损害赔偿；二是后继诉讼的情况，违法者在已经支付了罚款的情况下，又被判决支付损害赔偿，在这种情况下违法者在支付损害赔偿之后要求竞争执法机构退还部分已经支付的罚款。

在第一种场景中，独立诉讼引发了公共执行，竞争执法机构有权力和理由根据损害赔偿的数额，降低罚款的额度。在 Pre-Insulted Pipe cartel 案中，损害赔偿被视为罚款的减轻理由，因此欧盟委员会减轻了 500 万欧元的罚款。[1] 同样，在 Nintendo 案中，违法者因向受害人支付了损害赔偿，而被减免了 30 万欧元的罚款。[2] 欧盟《损害赔偿诉讼指令》第 18 条第 3 款将和解赔偿金列为减轻罚款的因素，该款规定"竞争执法机构可以考虑在作出罚款决定之前，将因双方合意性和解而支付的赔偿作为一个减轻处罚的因素"。该款的主要目的在于鼓励违法者与受害人通过合意型争议解决机制达成和解，以较低的成本解决双方的争议，具有协调罚款与损害赔偿的效果。

在理论研究中，学者尝试通过比例原则或者一事不再理来解释损害赔偿作为罚款的减轻因素。[3] 首先，《欧盟宪章》第 49 条第 3 款对比例原则进行了规定，"刑罚的严重程度不应与刑事违法不成比例"。欧盟法院在一系列早期案件中对这一原则进行了确认。在 Wilhelm v Bundeskartellamt 案中，欧盟法院需要回答欧盟委员会和成员国竞争执法机构对同一案件进行执法时，是否会导致双重惩罚的风险。欧盟法院提出，"两种程序分别实

---

[1] Case No IV/35.691/E-4 *Pre-Insulated Pipe Cartel*, OJ L 24 of 30 January 1999, p.1, 64 para 172.

[2] Case No COMP/35.587 PO Video Games. OJ L 255 of 8 October 2003, p.33, 96 para 440~441.

[3] Thorsten Mäger, Thomas B. Paul, The Interaction of Public and Private Enforcement the Calculation and Reconciliation of Fines and Damages in Europe and Germany, in: Hüschelrath and Schweitzer (eds.), Public and Private Enforcement of Competition Law in Europe: Legal and Economic Perspectives, (Springer-Verlag Berlin Heidelberg 2014), 77-104.

施可能导致连续的处罚，对国内司法的一般性要求……要求在施加处罚时，必须考量先前所作出的处罚决定"。[1]但是，欧盟法院这一解释针对的是欧盟委员会与成员国执法机构所实施的双重罚款，而非罚款与损害赔偿的叠加。欧盟法院和欧盟委员会在 Pre-insulated Pipe Cartel 案和 Nintendo 案中确认欧盟内的损害构成设定罚款的减轻因素，却没有明确提及比例原则。

其次，《欧盟人权公约》第 7 议定书第 4 条和《欧盟宪章》第 50 条规定了刑事诉讼中的"一事不再理"原则（principle of the ne bis in idem）。《欧盟人权公约》第 7 议定书第 4 条规定了欧盟公民拥有不被审理或处罚两次的权利，"任何人不得在同一国家管辖下的刑事诉讼程序中，因其已根据该国法律和刑事诉讼程序最终被宣告无罪或定罪的罪行而再次受审或受罚"。《欧盟宪章》第 50 条规定"任何人不得因其已在欧盟内依法最终被宣告无罪或定罪的罪行而在刑事诉讼中再次受审或受罚"。然而涉及欧盟竞争法，因《第 1/2003 号条例》规定了分散化的执法体系，可能会出现一项违法行为面临多个执行机构处罚的风险。对于罚款与损害赔偿之间的协调，当损害赔偿也具有惩罚性功能时，"一事不再理"原则也可以适用。例如德国《反对限制竞争法》第 33a 条第 3 款第 2 句规定，法院在确定损害赔偿数额时应当考量违法者从违法行为中获得的收益。有学者认为，德国法中损害赔偿所具有的惩罚性要素体现在：①损害赔偿更多体现的是对收益的返还，而非仅仅赔偿损失；②现存的损害赔偿由卡特尔价格和竞争价格之间的差额计算，对于在"高固定成本和高管理费"的行业中尤其表现为惩罚性。[2]

（五）结论

总的来说，在一个公共执行与私人执行相结合的双执行体系中，过度

---

〔1〕　Case 14/68, Wilhelm v Bundeskartellamt［1969］, ECR I-1, para 11.

〔2〕　Thorsten Mäger, Thomas B. Paul, The Interaction of Public and Private Enforcement the Calculation and Reconciliation of Fines and Damages in Europe and Germany, in: Hüschelrath and Schweitzer (eds.), Public and Private Enforcement of Competition Law in Europe: Legal and Economic Perspectives, (Springer-Verlag Berlin Heidelberg 2014), 90-91.

威慑与威慑不足都有可能发生。本部分讨论了三种情形：公共执行、独立诉讼和后继诉讼。根据前述讨论，公共执行和独立诉讼在威慑效果上均存在局限性，而后继诉讼可能会导致过度威慑的问题，包括违法者难以承担罚款和损害赔偿的总额，甚至面临破产。因此需要考量罚款与损害赔偿之间的协调问题。相比之下，依据损害赔偿的数额对罚款进行调整更具有可行性。在此情况下，比例原则与"一事不再理"原则均可能作为调整罚款的依据。

◇ 第五章 ◇

欧盟竞争法的域外效力与国际合作

一、欧盟竞争法的域外效力：从属地原则到效果原则的发展过程

欧盟竞争法的域外管辖原则历经了从属地原则到效果原则的发展过程。从《欧盟运行条约》第 101 条和第 102 条来看，这两个条款仅适用于对成员国之间交易有明显影响的协议或单边行为。《欧盟运行条约》并未明确规定域外适用的问题，域外适用的原则来自欧盟法院的判例。最早在 Dyestuffs 案[1]中，欧盟法院采用"单一经济体原则"来解释欧盟竞争法的域外适用，Geigy、Sandoz 和 ICI 三家非欧盟企业分别通过其设于欧盟境内的子公司与欧盟染料企业达成了固定价格卡特尔。ICI 是一家位于英国的染料企业，案件发生时英国还不是欧盟成员国，ICI 认为自己的行为并未发生在欧盟境内，根据属地原则欧盟委员会不具有管辖权。在该案中，欧盟法院裁决三家子公司与其母公司构成一个经济实体，母公司通过指挥其在欧盟境内的子公司达成固定价格协议，因此子公司的行为由母公司承担责任。虽然本案也可以适用国际公法中的效果原则进行解释，但是欧盟法院的裁决更倾向于从单一经济体原则进行解释，即虽然子公司拥有独立法人资格，但并不足以排除将其行为归咎于母公司的可能性。单一经济体原则的判决依据是，母公司能否对子公司施加决定性影响。

---

[1] Case 48 - 69 Imperial Chemical Industries Ltd. v Commission of the European Communities [1972], ECLI：EU：C：1972：70.

在 Woodpulp 案[1]中，欧盟法院需要评估在欧盟之外有注册办事处和生产设备的企业所从事的反竞争行为是否能够适用《欧盟运行条约》第 101 条进行认定。本案的违法者直接将涉案产品向共同体境内的买家出口，或者通过共同体境内的分支机构、子公司在共同体内经营业务。共同体境内 2/3 的出货量和 60% 的有关产品消费受到限制性协议的影响。在本案中，涉案企业提出适用效果原则超出欧盟竞争法管辖的地域范围，同时欧盟法院在先例 Dyestuff 案的裁决中也未明确表明适用效果原则，并且在欧盟竞争法中适用效果原则与国际公法相冲突。欧盟法院提出，协议或协同行为只要是可能影响成员国之间的交易，并且目的或效果是限制内部市场竞争的，都受到欧盟竞争法的禁止。有学者将 Woodpulp 案中欧盟法院的裁决视为 Dyestuff 案的进一步扩展，从"单一经济体原则"扩展到"履行地原则"，即欧盟运行条约关于限制性协议的条款同时调整协议的订立与实施，而订立地与实施地均应构成管辖的依据。[2]

Gencor v Commission 案[3]涉及两家金属与采矿业企业 Gencor Ltd 与 Lonrho Plc 之间的经营者集中，两家企业分别位于南非和英国。欧盟委员会以该项集中可能会限制共同体市场上的产出为由，拒绝批准两者的集中。涉案企业认为该案涉及在非成员国（南非）领土上的商业活动，并已经得到南非竞争执法机构的批准，因此根据属地原则，欧盟委员会并无管辖权。《欧盟合并条例》将欧盟委员会的管辖范围限定为"共同体层面上的集中"，《欧盟合并条例》规定，虽然企业的注册办事地和生产设施在欧盟之外，但如果能够符合《欧盟合并条例》中所规定的欧盟经营者集中控制门槛，仍然受到欧盟委员会的审查。欧盟法院提出，基于效果原则进行的管辖与国际公法并不冲突，并建议构建立即性、重大和可预见三个针对

---

〔1〕 Joint Case 89，104，114，116，117 and 125 to 129/85，A. Ahlström Osakeyhtiö and others v Commission［1988］，ECLI：EU：C：1988：447.

〔2〕 Peter Behrens, The extraterritorial reach of EU compeititon law revisited：The effects doctrine before ECJ, Discussion Paper, No. 3/16, Europa - Kolleg Hamburg, Institute for European Integration, Hamburg.

〔3〕 Case T-102/96［1999］ECR II-753，［1999］4 CMLR 971.

影响的判定标准。当一项集中对共同体市场能够产生立即的、重大的且可预见的影响，即符合欧盟竞争法的管辖范围。从上述判例可以看出，欧盟法院并未在其裁决中明确提及效果原则，但学者也认可"单一经济体原则"和欧盟法院在 Wood pulp 案、Gencor v Commission 案中的裁决可以解决大部分案件。[1] 在之后的案件中也沿用了上述结论，例如在 Javico v Yves St Laurent 案[2]中，欧盟法院裁定，对乌克兰和俄罗斯经销商的出口禁令可能违反《欧盟运行条约》第 101 条。

　　最终欧盟普通法院在英特尔案[3]中对效果原则予以明确。英特尔是一家总部位于美国的设计、开发、制造和销售中央处理器、芯片组和其他半导体元件以及数据处理和通信设备平台解决方案的企业，其在全球中央处理器市场具有支配地位。该案涉及英特尔滥用其支配地位，实施了忠诚折扣与独家交易的行为。英特尔的交易相对人戴尔、联想、惠普和 NEC 均位于欧盟境外，英特尔辩称涉案行为缺乏对欧盟境内市场立即的、重大的、直接的和可预见的影响，因此欧盟委员会无相应的管辖权。欧盟普通法院提出，首先《欧盟运行条约》第 82 条（现第 102 条）中存在两个因素涉及与欧盟领土的关系，一是"在共同市场内或其大部分地区"存在支配地位，二是成员国之间的交易受到有关行为的影响，而这两个因素在本案中都能得到证实。其次，关于适用效果原则是否与国际公法相冲突的问题，欧盟普通法院总结了之前判例中欧盟竞争法管辖权判定的基本原则，即 Wood pulp 案中的属地原则以及 Gencor 案中的行为的适当效果原则。而这两个原则的适用是替代的，并非累积的，换句话说案件能符合两个原则中的一个即可认定欧盟委员会拥有管辖权。基于以上原因，欧盟普通法院判定本案中欧盟委员会有管辖权是合理的。在英特尔案中，欧盟普通法院的裁决确认了效果原则可作为认定欧盟竞争法域外管辖的原则之一，但需

---

　　[1]　Richard Whish, David Balley, Competition Law ［M］. Oxford University Press 2012: 495 - 500.

　　[2]　Case C-306/96 ［1998］ ECR I-1983, ［1998］ 5 CMLR 172.

　　[3]　Case T-286/09 Intel Corporation v Commission ［2014］, ECLI: EU: T: 2014: 547.

符合立即、重大且可预见的标准。

二、欧盟竞争法执行上的国际合作

竞争执法机构积极开展国际合作是在当前全球化发展趋势下必然的选择，一方面竞争法存在大量域外适用的问题，另一方面竞争法本身的国际化趋势日益明显，竞争执法机构之间的国际合作对于推进国内竞争法研究的效用越加突出。欧盟竞争法执行上的国际合作同时包括欧盟委员会与成员国所参与的国际合作。欧盟与其他国家竞争执法机构在双边与多边两个层次上进行合作，在双边层面通过双边协议、谅解备忘录等方式与其他国家竞争执法机构开展合作，在多边层面欧盟委员会积极参与一些诸如 ICN、OECD 等国际组织。本部分将集中探讨欧盟委员会的双边与多边合作概况。

（一）欧盟委员会的双边国际合作概况

1. 概况

欧盟委员会通过双边专用协议、谅解备忘录、其他双边协议等方式，积极与欧盟以外的成员国执法机构开展合作。截至目前，欧盟委员会与欧盟候选国诸如阿尔巴尼亚、塞尔维亚、土耳其等签订了双边协议，与美国、加拿大、日本、韩国、瑞士签订了专用竞争合作协议，与我国、巴西、印度、南非、墨西哥、俄罗斯六个国家签订了谅解备忘录。

2. 欧盟委员会与我国反垄断执法机构的合作情况

欧盟委员会与我国反垄断执法机构的合作包括：①2004 年建立的中欧竞争政策对话；②2012 年签订的合作谅解备忘录；③2005 年欧盟委员会竞争总司与商务部签订的关于企业并购案件审查合作的实务指引；④2017 年与发改委签订的关于国家援助控制与公平竞争审查制度的谅解备忘录；⑤2019 年与市场监管总局签订的《关于在公平竞争审查制度和国家援助控制制度领域建立对话机制的谅解备忘录》；⑥2019 年签订的《中国与欧盟竞争政策对话框架协议》。2019 年签订的框架协议旨在通过对话加强双边竞争政策与执法的合作与协调，提高消费者福利，保障公平竞争以及商业社会的法律确定性。在法律冲突避免方面，遵循消极礼让的原则，在执法过程中尽量使对另一方利益的不利影响最小化。当一方的执法活动可能影响到另一方适用竞争法的利益，被影响的一方有权通知对方，双方应就相关影响交换意见。双方需在对话过程中开展技术合作与资质培训。在执法中遵守各自的机密信息保护相关的法律条文，不得强制任何一方提供信息。同年签订的谅解备忘录确定了在国家援助控制与公平竞争审查问题上双方对话的形式、内容、机密信息保护等问题。

3. 欧盟委员会与其他国家的双边合作情况

（1）与欧盟候选国的双边合作情况

目前，欧盟候选国和潜在候选国是即将在未来通过与欧盟谈判加入欧盟的国家或地区。欧盟通过与其候选国签订《稳定及关联协议》[1]，以确保其加入欧盟后能够符合欧盟条约的要求，其中包括欧盟条约中的基本原则（如货物的自由流动）以及基本的竞争规则，包括禁止限制性协议、禁止滥用支配地位以及国家援助等。候选国被要求在规定期限内设立一个独立的竞争执法机构，以确保欧盟竞争法能够在其领土范围内实施。候选国有义务确保其国家援助符合欧盟竞争法，按照欧盟的要求提供国家援助的年度报告。

（2）英国脱欧后的双边合作情况

2016 年英国脱欧以后，英国从一个欧盟成员国转变为一个独立于欧盟的国家，作为一个非成员国与欧盟建立经贸关系。从立法的角度来说，英国竞争法立法不再受欧盟竞争法的约束。从法的实施角度来看，欧盟需要重新建立与英国竞争执法机构"竞争与市场管理局"（UK Competition and Market Authority, CMA）的双边合作关系。2019 年英国与欧盟达成了《撤回协议》。[2]

在《撤回协议》及其附件中，双方对竞争政策，特别是国家援助政策

---

〔1〕 Stabilisation and Association Agreement between the European Communities and Their Member States, of the One Part, and the Republic of Albania, of the Other Part, Jun 2006.

〔2〕 Council agreement on the withdrawal of the United Kingdom of Great Britain and Northern Ireland from the European Union and the European Atomic Energy Community, OJ C144 1/1.

进行了协商。其中竞争政策位于附件 4 的第 16 条至第 24 条，第 6 条至第 15 条为国家援助制度。2020 年 1 月 31 日至 2020 年 12 月 31 日为脱欧过渡期，在此期间欧盟法在英国仍然适用，欧盟委员会与欧盟法院仍然可以在英国的案件中发挥职能。2020 年 12 月，英国与欧盟达成《贸易与合作协定》（TCA）〔1〕，以解决脱欧后英国与欧盟之间的贸易关系，其中包括竞争法方面的内容。英国竞争与市场管理局也发布了一项《撤回协议下竞争与市场管理局职能指南》〔2〕，为脱欧后英国竞争执法提供一个持久的指引。

脱欧后，英国竞争执法机构不再适用欧盟竞争法，其竞争执法完全依据国内法实施，对于限制性协议和滥用支配地位适用英国《竞争法》（the Competition Act 1998），对于经营者集中审查和消费者保护适用《企业法》（the Enterprise Act 2002）。在执行方面，虽然英国竞争与市场管理局不再执行欧盟竞争法，但是如果英国企业的行为能够对欧盟市场产生影响，仍然适用欧盟竞争法，由欧盟委员会及与行为相关的成员国进行调查。由欧盟委员会受理的并且在过渡期未结案的案件，仍然适用欧盟竞争法继续处理。在过渡期结束后，当一项反竞争行为同时影响欧盟内部市场和英国市场，可能会出现英国竞争执法机构与欧盟委员会同时调查同一个案件的情况。此时英国竞争执法机构无需再依照《第 1/2003 号条例》与欧盟委员会进行信息交换。鉴于所调查的相关市场范围不同以及用以计算罚款的营业额不重合，多重处罚的风险是可以被避免的。至于欧盟集体豁免制度，经营者在过渡期结束前达成协议的，仍然可以适用欧盟的集体豁免制度。英国竞争与市场管理局于 2021 年 6 月向英国内阁作出建议，继续保留集体豁免制度，直至该制度于 2022 年 5 月 31 日到期。针对私人诉讼，在过渡期结束后，英国法院不再适用欧盟竞争法，个人不能就违反欧盟竞争法的

---

〔1〕 Trade and Cooperation Agreement between the European Union and the European Atomic Energy Community, of the one part, and the United Kingdom of Great Britain and Northern Ireland, of the other part, OJ L149/10.

〔2〕 UK Competition and Market Authority, UK exit from the EU Guidance on the functions of the CMA under the Withdrawal Agreement, Jan 2020.

行为向英国法院提起民事诉讼。脱欧之后，英国的国家援助不再受到欧盟委员会的审查，英国会构建自己的国家援助制度，以保障国家援助不会妨碍、限制或扭曲市场竞争。

（3）与其他主要国家的双边合作情况

除上述国家以外，欧盟委员会还与美国、加拿大、日本、韩国等主要反垄断司法辖区执法机构建立了双边合作关系。1990 年，欧盟委员会就与美国竞争执法机构（联邦贸易委员会、司法部）签订了有关竞争法执行方面的协定，包括《美国政府与欧洲共同体委员会关于其竞争法适用的协定》[1]《欧洲共同体与美国政府关于在执行其竞争法时适用积极礼让原则的协定》[2]。双方还共同制定了《在集中调查中合作的最佳实践》[3]。在竞争执行的协调与合作方面，具体包括双方之间的信息通报、执行活动的合作与协调以及机密信息保护等。在信息通报方面，三种情况被视为适合进行信息通报的情况，分别是涉及对方的执法活动、发生在对方领土范围内的反竞争行为以及与对方存在联结的经营者集中案件。另外，若执法活动涉及对方的重要利益也需要进行通报。双方会定期举行会议，对执法的优先事项、共同关心的问题进行讨论。在执法活动的合作协调方面，任何一方都需要向对方在执法上提供必要的协助，并对于具有共同利益的案件，协调双方的执法活动。双方应当避免执法活动的冲突，在执法过程中考量对方的重要利益。在经营者集中案件中，针对同一案件可能出现的平行审查，双方需要通过合作实现不冲突的审查结果，并且提高法律适用的透明度。具体的合作包括双方在经营者集中审查过程中的交流与信息通报、对审查进度进行沟通与协调、对审查结果的协调。双方会在审查的全过程开展全面的协

---

[1] Agreement between the Government of the United States of America and the Commission of the European Communities regarding the application of their competition laws, OJ L95/47.

[2] Agreement between the European Communities and the Government of the United States of America on the application of positive comity principles in the enforcement of their competition laws, OJ L173/28.

[3] US-EU Merger Working Group Best Practices on Cooperation in merger investigations, Oct 2011.

调工作，包括随时通报案件审查进展，共享非机密信息，并且在保密的情况下，讨论审查各阶段的分析结果，包括市场界定、竞争影响和效率评估、竞争损害理论等。在对审查结果的协调方面，一方应当考虑到其附加限制性条件或者和解措施是否会对另一方产生不利影响，并且是否会导致集中各方承担相冲突的义务或责任。

另外，欧盟委员会还与加拿大、日本、韩国等国签订了类似的竞争法执行双边合作协定。例如欧盟委员会与韩国公平交易委员会在 2009 年至 2010 年期间分别签订了《欧盟与韩国关于反竞争行为合作的协定》《欧共体与韩国政府的合作协定》。双方在竞争法执行方面会进行一定程度的合作：一是执法活动的相互通报制度，任何一方执法机构发现其执法活动可能会影响另一方的重要利益时，应当通知另一方竞争执法机构；二是协助执法方面，一方在符合法律法规、重要利益以及合理可用的资源范围内，向另一方竞争执法机构提供必要的执法协助；三是在执法协调方面，包括在执法过程中积极考量另一方的执法目标，在合法、合理并征得经营者同意的情况下，与另一方竞争执法机构分享保密资料，以及在需要独立执法时，对执法协调义务进行限制；四是在出现执法冲突时，遵循消极礼让与积极礼让，消极礼让表现在执法过程中通过采取必要措施避免损害对方重要利益，包括通知对方、允许对方提出意见以及尊重对方决定的独立性，积极礼让表现在一方竞争执法机构在特定情况下可以请求对方竞争执法机构针对某一反竞争行为开展调查。此外，双方的执法合作还包括对机密信息的保护、双方的定期协商等。

（二）欧盟委员会的多边合作概况

在多边合作方面，欧盟委员会主要参与的国际组织包括联合国贸易和发展会议（UNCTAD）、国际经合组织（OECD）、世界贸易组织（WTO）、国际竞争网络（ICN）。

1. 联合国贸易和发展会议

在竞争政策方面，联合国贸易和发展会议的主要职责包括执行和落实 1980 年通过的"控制限制性商业惯例的公平原则和规则"（UN-RPB Code）

以及维护并定期审查竞争法范本，作为首次引入竞争法国家的指南。

2. 国际经合组织

国际经合组织成立于 1948 年，最初被称为欧洲经济合作组织（Organisation for European Economic Co-operation，OEEC），是为了执行马歇尔计划的援助政策而成立的。1960 年 OEEC 更名为 OECD，新成立的 OECD 的主要职责包括达到最高水平的可持续经济发展和就业、提升成员国的生活水平、为世界经济发展作出贡献、促进成员国与非成员国经济的健康增长。目前国际经合组织有 37 个成员国与 5 个关键伙伴，覆盖80%的世界贸易和投资。欧盟在国际经合组织有一个常驻代表团，由大使和外交官组成。从组织机构来看，国际经合组织主要由理事会、委员会和秘书处组成，其中理事会是决策机构，由成员国和欧盟委员会的代表组成，通过召开定期会议讨论重要议题，为国际经合组织明确战略方向。专业委员会及其附属机构的主要职能是召集成员、伙伴经济体以及其他利益攸关方，分享政策经验、制定标准、创设和审查政策实施的影响。秘书处负责收集数据，分析并制定建议，为委员会的讨论提供信息。

欧盟委员会代表欧盟根据《经济合作及发展组织公约补充议定书》参与国际经合组织的工作。总司参与国际经合组织竞争委员会，通过参与竞争的全球论坛与年度竞争公开日。

3. 世界贸易组织

在竞争法方面，世界贸易组织的主要影响体现在补贴领域。世界贸易组织的《补贴与反补贴措施协议》（SCM 协议）主要是针对补贴措施的规范，世贸组织成员可以通过反补贴措施来抵消补贴进口所造成的损害。2020 年欧盟委员会与美国、日本就改进世贸组织反补贴规则达成一致。

4. 国际竞争网络

国际竞争网络是一个于 2001 年成立的竞争法论坛，主要目的在于为各国竞争执法机构提供一个专门的非正式平台，以保障定期联络的维持与实际竞争问题的解决。国际竞争网络下共设有五个工作组，分别是"竞争倡导""机构的有效性""卡特尔""集中"与"单边行为"工作组。工作组在 ICN 年度会议上组织小组和小团体讨论,并提交工作成果。国际竞争网络由各国竞争执法机构组成,目前有 140 个成员,包括欧盟委员会与欧盟成员国的竞争执法机构。